JETOS

A primeira Casa do Hip Hop brasileiro

História & Legado

PERSPECTIVA

PROJETO RAPPERS

A primeira Casa do Hip Hop brasileiro

História & Legado

A Solimar Carneiro, in memoriam

Enquanto finalizávamos este material para celebrar 30 anos do Projeto Rappers, perdemos Solimar Carneiro, fundadora e ex-presidenta de Geledés que atuou como coordenadora deste projeto. Sem a orientação, liderança e carinho incondicionais de Solimar, esta história, cujas três décadas celebramos com esta obra, não teria existido.

Valeu, Soli!

Prefácio de Sueli Carneiro

Autores:

Clodoaldo Arruda

MC Sharylaine (Rapper/Ildslaine Silva)

Jaqueline Lima Santos

Coleção Hip-Hop em Perspectiva

Dirigida por: Daniela Vieira (UEL) e Jaqueline Lima Santos (Cemi/Unicamp)
Conselho Editorial: Ana Lúcia Silva e Souza (UFBA); Daniela Vieira (UEL); Derek Pardue (Universidade de Aarhus); Jaqueline Lima Santos (Cemi/Unicamp); Karim Hammou (Cresppa/CSU); Márcio Macedo (FGV/Eaesp); e Walter Garcia (IEB/USP)

Coordenação editorial: Sueli Carneiro
Assistentes editoriais: Antônio Carlos "KK" dos Santos Filho, Gabriela Costa Lima e Natália Carneiro Sena
Assessoria técnica: Gabriela Costa Lima, Harumi Laini Agata da Rocha e Victor Hugo Cossa da Silva
Preparação: Layne Gabriele da Silva
Revisão: Fernanda Silva e Sousa
Capa, projeto gráfico e diagramação: Antonio Carlos "KK" dos Santos Filho
Produção Ricardo W. Neves, Luiz Henrique Soares, Elen Durando e Sergio Kon.

CIP-Brasil. Catalogação-na-Fonte
Sindicato Nacional dos Editores de Livros, RJ

A817p
    Arruda, Clodoaldo
        Projeto Rappers : a primeira casa do hip hop brasileiro : história & legado / Clodoaldo Arruda, Ildslaine Silva (Mc Sharylaine), Jaqueline Lima Santos ; prefácio Sueli Carneiro. – 1. ed. – São Paulo : Perspectiva : Geledés Instituto da Mulher Negra, 2023.
        168 p. : il. ; 20 cm. (Hip-Hop em Perspectiva ; 4)

        Inclui bibliografia
        ISBN 978-65-5505-170-4

        1. Negros – São Paulo (SP). 2. Hip Hop (Cultura popular) – São Paulo (SP). 3. Cultura afro-brasileira. I. Geledés Instituto da Mulher Negra. II. Silva, Ildslaine. III. Santos, Jaqueline Lima. IV. Carneiro, Sueli. V. Título. VI. Série.

23-86641   CDD: 782.421649
                                      CDU: 784.4

Gabriela Faray Ferreira Lopes – Bibliotecária – CRB-7/6643
28/09/2023   05/10/2023

1ª edição
Direitos reservados à

 EDITORA PERSPECTIVA LTDA.   GELEDÉS INSTITUTO DA MULHER NEGRA

Al. Santos, 1909, cj. 22   R. Santa Isabel, 137
01419-100 São Paulo SP Brasil   01221-010 São Paulo SP Brasil
Tel.: (11) 3885-8388   Tel.: (11) 3333-3444
www.editoraperspectiva.com.br   www.geledes.org.br
2023

Prefácio (Sueli Carneiro) 12

Introdução 18

i Contexto: centro da cidade de São Paulo como espaço de
sociabilidade da juventude negra e o Hip Hop no Brasil 30

ii Projeto Rappers: história e dinâmica de uma experiência 40

O encontro entre o feminismo negro e o Hip Hop 41
O Projeto Rappers 53

iii A revista Pode Crê! 75

iv Femini Rappers: do feminismo negro ao Hip Hop feminista 92

v	Pedagogias da geração Hip Hop: O percurso formativo do Projeto Rappers	106
vi	Considerações finais: o legado do Projeto Rappers	114
vii	Trajetórias do Projeto Rappers em primeira pessoa	122
viii	Galeria de fotos	150
ix	Bibliografia	164

I wanted hip hop to have the same level of respect as any area of study the academic world. What's more, I wanted the issues, ideologies, and love of knowledge and sense of fairness that is fundamental to hip hop culture to become part of academic culture.

(Morgan, 2009)

Eu queria que o Hip Hop tivesse o mesmo nível de respeito que qualquer área de estudo do mundo acadêmico. Além do mais, eu queria que as questões, ideologias e amor ao conhecimento e senso de justiça que são fundamentais para a cultura Hip Hop se tornassem parte da cultura acadêmica.

(Morgan, 2009)

PREFÁCIO

SUELI CARNEIRO

Projeto Rappers, o antídoto

O Geledés Instituto da Mulher Negra é uma organização não governamental criada há 35 anos por um grupo de mulheres negras, com o objetivo de combater as discriminações racial e de gênero na sociedade brasileira e desenvolver propostas que promovam a equidade. Desta forma, atua em parceria com diversas organizações da sociedade civil e empresas, buscando interferir na formulação de políticas públicas que objetivem a eliminação das discriminações sofridas por mulheres e pessoas negras na sociedade brasileira.

Na década de 1990, Geledés estava estruturado em quatro programas básicos: Direitos Humanos, Comunicação, Educação e Capacitação e Profissionalização de Jovens e Adolescentes Negros. O Programa de Direitos Humanos, que desenvolveu o Projeto Rappers entre 1992 e 2002, tinha como objetivo proteger, assegurar e expandir os direitos de cidadania da população negra. Este não foi um projeto que decorreu de uma definição institucional; pelo contrário, ele foi provocado por demanda de jovens negros periféricos pertencentes a bandas de *rap* da cidade de São Paulo.

Esses jovens chegaram ao Geledés trazendo-nos questões e demandas muito complexas, que questionam a instituição e a impulsiona a assumir responsabilidades e protagonismo em relação às diferentes facetas da violência que se abate sobre os jovens negros na cidade de São Paulo. O que ocorria naquele momento? Bandas de *rap* formadas por esses jovens, que se exibiam nas periferias de São Paulo para um público semelhante a eles, com músicas de protesto contundentes sobre as condições de marginalização social, racismo, preconceitos e violência a que estavam expostos a juventude negra, eram sistematicamente vítimas da violência policial que, via de regra, os tiravam dos palcos em que se apresentavam com agressão e flagrante desrespeito ao direito de liberdade de expressão.

Um caso emblemático, na época, foi de uma banda de *rock* que se apresentou em São Paulo, cujo vocalista abaixou as calças e mostrou as suas partes traseiras para a plateia, que delirou, e ainda cuspiu na bandeira brasileira. Nada lhes aconteceu. No entanto, *rappers* cantando e denunciando a violência eram brutalmente retirados dos palcos e enquadrados pela polícia em crimes de desacato à autoridade que não tinham cometido.

Eles então nos procuram para saber o que o SOS Racismo de Geledés poderia fazer para protegê-los. O SOS Racismo era um serviço de assistência jurídica gratuita que Geledés oferecia às vítimas de discriminação racial e violência sexual. Os jovens queriam que os advogados estivessem presentes nos shows que realizavam para intervirem em situações de violência policial. Argumentamos sobre a impossibilidade de um serviço daquela natureza poder atender a uma demanda daquela magnitude e propomos um seminário com as bandas, em que pudéssemos discutir suas demandas à luz do desenho institucional de Geledés para a área de direitos humanos, com vistas a identificar as possíveis interfaces entre a ação cultural que eles realizavam e as perspectivas que orientavam o nosso trabalho e as possibilidades de atender, em alguma medida, às suas expectativas. Desse seminário nasceu o Projeto Rappers, uma parceria pioneira entre uma ONG e bandas de *rap*, que se tornou referência para muitas experiências que se desenvolveram posteriormente no país.

As bandas agregadas em torno do Projeto Rappers passaram a compor os Fóruns de Denúncia e Conscientização do Programa de Direitos Humanos do Geledés, trazendo a originalidade de articular a atividade cultural com a ação política, usando a linguagem musical como tecnologia de conscientização e valorização da juventude negra e introduzindo, assim, esse novo paradigma para a nossa organização.

Dessa forma, o Projeto Rappers constituiu-se em uma estratégia de atenção aos jovens negros da cidade de São Paulo, organizados em torno do movimento Hip Hop e de potencialização das vozes desses atores sociais, servindo como uma alternativa para apontar e propor caminhos para o enfrentamento das questões por eles trazidas.

Com isso, buscou-se promover, por meio de diferentes atividades de capacitação profissional, de formação musical e em direitos humanos:

1. O fortalecimento das bandas de rap como instrumento de denúncia e conscientização dos jovens negros em relação ao racismo, ao sexismo e à marginalização social;

2. A formação de quadros para a luta contra o racismo e a discriminação de gênero, pelo desenvolvimento da capacidade de mobilização e organização política da juventude negra, e ampliação de consciência de cidadania e capacidade reivindicatória;

3. O desenvolvimento de projetos de capacitação profissional com caráter preventivo para este segmento da população negra que, devido à sua condição e contexto social, torna-se mais vulnerável à cooptação pela marginalidade.

A partir dessas estratégias e das várias atividades que se desdobraram, pudemos assistir ao Projeto Rappers potencializando a ação política das bandas que o compunham, gerando lideranças juvenis capazes de realizar atividades de reflexão e debates em escolas da rede pública e privada, faculdades, presídios, nos veículos de comunicação em massa, especialmente rádio e televisão.

Dentre as muitas realizações desse projeto, destacam-se a participação no Grupo de Trabalho Afro-Brasileiro da Secretaria de Educação, criado pela Resolução SE 104 de 15 de junho de 1994, que tinha por objetivo desenvolver estudos, debates, pesquisas e atividades para subsidiar as ações dos demais órgãos da Secretaria de Educação no que diz respeito tanto à promoção da cultura afro-brasileira quanto a eventuais manifestações de preconceito racial na rede estadual de ensino.

Destaco também a participação no Projeto Discriminação, Preconceito, Estigma: Relações de Etnia em escolas e no atendimento à saúde de crianças e adolescentes em São Paulo", desenvolvido junto à Faculdade de Educação da Universidade de São Paulo (Feusp) e às comunidades e movimentos étnicos, coordenado pela Professora Doutora Rosely Fishmann, da FEUSP, com apoio da Fundação MacArthur, da UNESCO, da Anistia Internacional, da Secretaria de Educação do Estado de São Paulo e de diversas universidades do exterior.

Este projeto se propunha promover o diálogo, a tolerância e a cooperação entre os diversos grupos étnicos e religiosos, os produtores do conhecimento, a escola pública e as comunidades, no sentido da erradicação de preconceitos, estigmas e discriminações de diferentes ordens. O Projeto Rappers participou com três jovens na condição de pesquisadores e ativistas nesta iniciativa.

Outra conquista importante deste projeto foi a criação da revista *Pode Crê!*, o primeiro veículo segmentado para os jovens e adolescentes negros do país, realizado integralmente pelos participantes do projeto, sob a coordenação de um jornalista, Flávio Carrança, e que inspirou a emergência de outros projetos editoriais voltados à população negra, como a revista *Raça Brasil*.

O Projeto Rappers influenciou, ainda, outras organizações e outros atores políticos a trabalharem politicamente com o movimento Hip Hop e a juventude negra em geral. O caso mais evidente foi o seminário "Caminhos da Cidadania – O *Rap* e a Dignidade Humana no Relacionamento Polícia Militar e *Rappers*", organizado em 1995 pela OAB – seção São Paulo, para discutir a relação entre a Polícia Militar e os *Rappers*. O evento contou com a presença massiva dos *rappers* de São Paulo e representantes do comando da Polícia Militar. Esta questão foi também objeto de debates em emissoras de TV, com participação de representantes *rappers* e policiais militares.

O Projeto Rappers estendeu a sua presença e reconhecimento em nível internacional. Uma das ações mais significativas foi a parceria com o Instituto Goethe, na organização da visita da banda afro-alemã N FACTOR, e a relação de cooperação estabelecida com a banda afro-americana DIGABLE PLANETS, da qual resultou em estágio de um dos membros do projeto junto à revista *CALLALOO*, editada pela Universidade de Virgínia, sobre o movimento Hip Hop no Brasil e nos Estados Unidos.

O recorte de gênero nesse projeto foi assegurado por meio da iniciativa Femini Rappers, coordenado pela vocalista Cristina Batista, popularmente conhecida como Lady Rap. O Femini Rappers constituiu-se no espaço de atenção específico para a discussão das questões das jovens negras, em geral, e delas no movimento Hip Hop em particular, e de conscientização das bandas masculinas sobre as questões de gênero, sobretudo as relativas aos problemas de contracepção, maternidade e paternidade responsável, abuso de drogas, DSTs e Aids.

Durante a vigência do projeto não tivemos nenhum caso de gravidez precoce entre as jovens participantes. Como consequência desse trabalho, o Femini Rappers esteve presente na Conferência de Beijing (1995), representado por sua coordenadora, que participou da elaboração do documento tirado pelas jovens latino-americanas de recomendações daquela Conferência sobre políticas públicas aos estados-membros das Nações Unidas para a promoção social das mulheres jovens.

O Projeto Rappers teve também participação ativa no "Seminário Continental Racismo y Xenofobia – Propuesta de Desarrollo de los Afroamericanos", ocorrido em dezembro de 1994 em Montevidéu, Uruguai, onde teve importante atuação na definição e aprovação das propostas sistematizadas neste seminário para o desenvolvimento e intercâmbios dos jovens afro-americanos no contexto da Rede Intercontinental de Organizações Negras criadas neste encontro.

Graças a essa experiência, pudemos avançar em novos projetos de desenvolvimento e inclusão social de jovens negros com o Projeto Brio, que, por três anos, ofereceu capacitação profissional para a juventude negra, e o projeto Geração XXI, a primeira experiência de ação afirmativa no Brasil e que iniciou as parcerias estratégicas entre ONGs,

poder público e empresas para a inclusão de jovens negros nos níveis superiores de educação.

O Projeto Brio – Igualdade de Oportunidade foi criado em julho de 1996 como resultado de uma demanda de ampliação do Projeto Rappers. Esta proposta buscou a inserção social de jovens no I Concurso de Capacitação Para Jovens da Associação de Apoio ao Programa Comunidade Solidária. Apresentado e apoiado, o Projeto Brio cresceu, oferecendo cursos profissionalizantes para jovens e adolescentes negros, na faixa etária de 14 a 21 anos (distribuídos equitativamente entre homens e mulheres), por meio de convênios com instituições de capacitação de mão de obra nas instâncias públicas e privadas.

Essa foi uma das maneiras encontradas por Geledés para garantir possibilidades de capacitação de maior grau de especialização para a mão de obra negra, partindo do pressuposto de que, para realizar a igualdade de oportunidades, um princípio democrático, é necessário atuar sobre esta defasagem acumulada historicamente por certos segmentos sociais. Há um aumento crescente da consciência de que determinados grupos sociais enfrentam processos de discriminação, como de raça e gênero, que ainda persistem em nossa sociedade e reproduzem uma situação de desigualdade social.

O outro projeto, Geração XXI, foi uma iniciativa da Fundação BankBoston em parceria estratégica com Geledés Instituto da Mulher Negra e a Fundação Cultural Palmares, de 1999 a 2007. O programa apoiou 21 alunos negros selecionados em escolas públicas de São Paulo que estavam cursando o último ano do ensino fundamental II ou iniciando o ensino médio e que apresentavam histórico escolar com rendimento exemplar; a eles foram oferecidas todas as condições de prosseguimento em sua trajetória escolar até a conclusão do nível universitário.

Dentre as muitas dificuldades que os jovens em geral apontam sobre os programas e projetos voltados para a juventude, está o fato de, além desses programas e projetos serem desarticulados, neles os jovens são vistos como um problema para a sociedade, não como detentores de direitos e protagonistas de mudanças.

Dessa perspectiva, ao relatar essa experiência do Projeto Rappers, não busco ressaltar uma iniciativa institucional exitosa do Geledés Instituto da Mulher Negra. Busco enfatizar as lições que nos foram ofertadas por esses jovens. Foram protagonistas desse projeto pessoas como o cantor Xis, Markão, da banda DMN, L.F., DJ Slik, Lady Rap, Rappin Hood, Thaíde e Dj Hum, Kall, Clodoaldo Arruda, Sharylaine, membros do grupo de *rap* Racionais MCs – que estiveram sempre por perto, oferecendo apoio às iniciativas – e Ivoo. Pessoas talvez desconhecidas do público adulto naquele período, mas referências do universo musical, sobretudo da juventude negra.

E eles estão todos aí, presentes em vários espaços sociais. Alguns se tornaram gestores públicos, outros estão fazendo carreiras universitárias, outros ainda se mantêm na militância musical e no protagonismo juvenil. Todos aprofundando o seu compromisso com os direitos humanos, com a inclusão social, com o combate à violência e à discriminação de raça e de gênero.

Temos então um sentimento de gratidão em relação a esses jovens por nos terem desafiado a ir mais além do que as nossas perspectivas institucionais originalmente previam. Gratidão pela parceria com eles ter nos obrigado a aprofundar o nosso compromisso e, sobretudo, a nossa responsabilidade em relação aos desafios em que está imersa a juventude negra tão (des)assistida.

O nosso único mérito nesse processo foi o de termos sido capazes de uma escuta respeitosa, de reconhecermos e confiarmos que eles e elas é que tinham a legitimidade para apontar e liderar os processos de solução para os seus problemas. Fomos, sim, capazes de disponibilizar o apoio institucional para o desenvolvimento de suas propostas, de nos arriscar sustentando politicamente o seu protagonismo, de perceber que eles necessitavam apenas de uma chance real para desenvolver e exibir os seus múltiplos talentos. Em sendo dadas essas condições, o resto foi com eles, e a resposta que recebemos foi sempre acima das expectativas.

INTRODUÇÃO

Eu peço, por favor:
Ouça esse meu desabafo.
Eu tenho bronca do polícia na hora da geral
Pois não dispensa a violência para impor sua moral
Um guarda matou Marcelo, um grande amigo meu
Sua vida como gelo no fogo derreteu
Agora eu vou dizer e ninguém vai me calar
Que nada ele fez para o guarda lhe matar
Só estava a cantar em um vagão do metrô
Que se transformou em um vagão do horror
Uma bala na sua mente foi anexada
Na frente de muita gente que não entendia nada
Não, o guarda disse que ele estava drogado
Porque não queria ser o culpado
Da tragédia que ele mesmo provocou
E que muita gente viu, ouviu e notou
Que o guarda estava errado, mas na mira não errou
E como um foco de luz a vida dele apagou
Espero de novo isto não acontecer
Pois eu sei que a polícia um dia vai se fuder
(Doctor MC's, Desabafo, 1994)

A obra "Desabafo" (1994), de Doctor MC's, foi gravada cinco anos após o assassinato de Marcelo, vulgo MC Rap B do grupo Rap Magic, o que demonstra como a denúncia desse acontecimento atravessou anos e, até mesmo, décadas, marcando a história do Hip Hop brasileiro e impulsionando a articulação política de jovens negros e periféricos em São Paulo. Marcelo foi alvejado com um tiro na testa por um policial militar que se sentiu incomodado pelo fato do jovem estar cantando rap em um vagão do metrô de São Paulo. Ele era um dos praticantes da cultura Hip Hop que saíam dos extremos das periferias de São Paulo para trocar informações e realizar atividades nos espaços públicos do centro da cidade, como o Largo São Bento e a Praça Roosevelt. No momento do acontecimento, ele estava retornando para casa, carregando consigo uma pasta com suas letras de rap, nas quais retratava a violência urbana, sobretudo policial. Sua morte causou revolta e um trauma coletivo, fomentando uma grande mobilização da comunidade Hip Hop da cidade, já que se viam ameaçados com a sentença de morte aplicada ao Marcelo pelo simples fato de exercer sua liberdade de expressão e narrar as formas de violência a que estavam submetidos. Naquele momento, os *hip-hoppers* entendiam que esse acontecimento poderia se repetir com qualquer um deles, pois vinham sendo constantemente agredidos pelas forças de segurança do Estado.

Como apresenta a letra que abre esse capítulo, a percepção da juventude empobrecida e racializada sobre o papel da polícia na capital paulista é crítica e combativa, já que eram constantemente criminalizados ao circular pela cidade e ao ocupar os espaços públicos. Como tópicos, podemos dizer que "Desabafo" aborda a violência policial como uma forma de impor autoridade, as agressões gratuitas e sem justificativa direcionadas aos jovens negros e periféricos, a criminalização de jovens negros e periféricos com flagrantes forjados para justificar a agressão das polícias e o papel das polícias na mortalidade juvenil.

cidades

FOLHA DE S.PAULO — Sábado, 25 de novembro de 1989 — D-1

Polícia mata com um tiro na testa rapaz que cantava dentro do metrô

Da Reportagem Local

O soldado da Polícia Militar Fernando Simião de Moura, 21, matou anteontem, às 23h45, com um tiro na testa, o ajudante-geral e cantor Marcelo Domingos de Jesus, 19, dentro de um vagão do Metrô na estação Carrão, zona leste de São Paulo. Marcelo —ou "MC Rap B", seu nome artístico no grupo musical "Rap Magic"— estava com outros onze rapazes negros que, segundo ele, cantavam e batucavam dentro do vagão. Eles tinham acabado de sair do Clube da Cidade, próximo à praça Marechal Deodoro, na zona oeste. O Clube reúne as "gangs" de "rappers" (jovens negros moradores da periferia da cidade que vestem-se e organizam conjuntos que tocam o "Rap", ritmo surgido nos EUA).

Este é o terceiro caso de assassinato de jovens sem antecedentes criminais cometidos esta semana por policiais na cidade de São Paulo. Na segunda-feira, o menor L.A.M, 14, foi morto por policiais militares da Rota (Rondas Ostensivas Tobias de Aguiar), dentro de sua casa na favela da Vila Maracanã (zona norte de São Paulo). Um Inquérito Policial Militar foi instaurado para apurar o caso, mas os policiais não foram afastados. Na quarta-feira, Carlos Posterli, 18, foi morto pelo guarda metropolitano Klaus Müller Lobo, 24, quando "empinava" sua motocicleta em frente à Escola Municipal Cidade de Osaka em São Matheus, zona leste. Um inquérito investiga o caso e Lobo será expulso da Guarda Civil Metropolitana.

O PM Fernando Simião —veja como foi o crime no desenho ao lado— foi preso em flagrante e levado para o presídio militar Romão Gomes Portão, no bairro Tucuruvi, zona norte. Simião, definido no boletim de ocorrência registrado na Delegacia do Metrô como "pardo", diz que atirou porque Marcelo Jesus, negro, teria colocado a mão na cintura, como se fosse sacar uma arma, quando ele e outro PM entraram no vagão onde estavam os "rappers". Na revista feita em seguida ao disparo, não foi encontrada nenhuma arma com os rapazes presentes no vagão. Simião acusa os rapazes de terem desrespeitado a policial Ana Maria dos Santos, 21, que o acompanhava. Os jovens negam a acusação.

O caso do "rapper" morto no metrô de São Paulo lembra o filme "Do the Right Thing" ("Faça a Coisa Certa") do diretor norte-americano Spike Lee, em exibição nos cines Belas Artes/Carmem Miranda e Gemini 2, onde um negro que participa da depredação de uma cantina e anda com um imenso rádio (tocando "raps"), é morto por policiais novaiorquinos.

O comandante do Policiamento Metropolitano, Ubiratan Guimarães, disse que a série de crimes cometidos por policiais esta semana "é coincidência". Ele afirmou que o soldado Simião "não agiu de forma imprudente. Esta é uma área pesada, onde os bandos hostilizam todo mundo".

O secretário de Segurança Pública do Estado, Luís Antônio Fleury Filho, disse que este tipo de crime "deve ser apurado com a mais absoluta isenção", e que a PM "apenas é dura e enérgica com os marginais".

A Justiça Militar vai decidir se decreta a prisão preventiva do soldado ou se ele responderá ao processo em liberdade, o que é provável, já que é primário e tem bons antecedentes.

O Sindicato dos Metroviários de São Paulo emitiu ontem nota relacionando o assassinato ocorrido no Metrô à redução do Corpo de Segurança que atua nas estações e trens. Segundo o sindicato esta redução foi de 50%. A Polícia Civil registrou este ano 6.515 boletins de ocorrência no Metrô. São cerca de 600 crimes cometidos por mês.

Cuidar da segurança do Metrô é responsabilidade do seu Corpo de Segurança, que anda desarmado e tem uma atuação ineficiente. A direção do Metrô alega que é impossível ter um agente em cada vagão.

Segundo Crisó Figueiredo, diretor do Sindicato dos Metroviários, existe um plano do governo do Estado de colocar PMs fazendo a segurança no Metrô. O comandante do Policiamento Metropolitano, coronel Ubiratan Guimarães, negou que exista este plano. "Mas que falta segurança no Metrô, falta", disse.

COMO FOI A MORTE NO VAGÃO DO METRÔ

1- Às 23h30 de anteontem, Marcelo, junto com 11 "rappers", saiu de um clube na cidade próximo à praça Marechal Deodoro. Toma o metrô em direção à estação Guilhermina/Esperança. Dentro do vagão, o grupo começa a cantar e tocar canções "rappers".

2- Na estação Anhangabaú, os PMs Roberto e Silvino entram no vagão onde está o grupo. Uma estação depois, no 54, a policial feminina Ana Maria e o policial militar Fernando entram no vagão e se juntam a Roberto. O PM Silvino desce. A dupla Ana e Roberto consideram que o grupo de jovens está fazendo baderna no vagão.

3- Na estação Carrão, às 23h45, a dupla impede o fechamento das portas do vagão para chamar a atenção de outros policiais para a "baderna" que o grupo estaria fazendo. Os PMs Fernando e Geraldo, que estavam em outro vagão, entraram em os portas abertas e foram até o vagão dos rapazes. Segundo os policiais Roberto e Ana Maria, os soldados Fernando e Geraldo entraram no vagão e gritaram: "Mãos à cabeça". Os jovens afirmam que Fernando entrou atirando.

4- Uma bala disparada por Fernando atinge a testa de Marcelo. Fernando coloca Marcelo no colo e o leva para o Hospital Tatuapé. Marcelo morre ao chegar no hospital.

Marcelo de Jesus, morto pela PM

Nos EUA, a luta é contra o racismo

Da Reportagem Local

"O que é isso de 'Rap', não é do nosso folclore, né?" perguntava ontem o capitão José Bento Domingues, relações públicas do Comando da PM na zona Leste, onde ficou preso o soldado Fernando Simião, que matou o "rapper" Marcelo Domingos de Jesus em pleno vagão do Metrô. A pergunta mostra a distância entre uma Polícia que matou 483 pessoas até outubro e a comunidade. Simião mora na zona leste, mas trabalha na zona norte. Voltava para casa quando matou Marcelo.

"Rappers". Estes jovens da periferia trabalham em geral no centro da cidade e transformaram, desde 1985 a estação São Bento do Metrô em seu ponto de encontro. Surgido em 1974 nos bairros novaiorquinos do Bronx e Queens, o "Rap" surgiu com o DJ (Disc-joquei) Kool Hoerc, um jamaicano que baseou-se no ritmo "Toast", de seu país. Era tocado em pequenos trios elétricos e, no início, falava de temas românticos e cotidiano. Era opção às Discotecas, caras para os jovens negros. Com o jeito de cantar falado, o "Rap" evoluiu para os temas do racismo e violência policial e adotou o DJ como elemento que mexia em discos, alterando a rotação das músicas.

Na pasta de Marcelo, havia adesivos do precursor Kurtis Blow e do atual Fat Boys e algumas letras de músicas compostas por ele. Uma delas diz: "Bandidos, assassinos e pessoas de bem. Mas quando chega a polícia, não sobra ninguém. Depois os homens matam e dizem que foi bala perdida".

(Milton Abrucio Jr.)

Figura 1: Matéria publicada no jornal Folha de São Paulo em 25 de Novembro de 1989.

Além da violência, a juventude do Hip Hop vinha denunciando as desigualdades, o abandono, a falta de serviços públicos básicos em suas comunidades e a baixa expectativa de projeto de vida para seu grupo geracional. A virada dos anos 1980 para 1990 é truculenta para a população pobre e negra de São Paulo. Nos anos 1990, a cidade é marcada pela sobrevivência no inferno, como reporta o álbum de Racionais MCs de 1997. Essa década tem como características o processo de reestruturação produtiva com o aumento do desemprego, a expansão da criminalidade e da violência urbana, o endurecimento das polícias, o aumento da repressão e um crescimento do encarceramento de jovens em 400% (Feltran, 2010).

Em *A Formação dos Sujeitos Periféricos: Cultura e Política na Periferia de São Paulo* (2013), Tiarajú Pablo D'Andrea aponta que se a década de 1980 é caracterizada pela força dos movimentos sociais, partidos políticos e sindicatos, os anos de 1990 apresenta uma *curva de descenso das massas*, o que significa, em outras palavras, um enfraquecimento de atores políticos de esquerda que até então tinham presença significativa e um papel preponderante na mobilização das periferias – com destaque para o "catolicismo de esquerda" e os núcleos de base do Partido dos Trabalhadores (PT).

[...] *três fatores foram decisivos para o refluxo dos movimentos sociais, populares e das organizações comunitárias que neles atuavam: a queda do Muro de Berlim e a crise do ideário socialista em escala mundial; a derrota de Lula para Collor na eleição presidencial de 1989, que teve por decorrência uma série de medidas internas ao Partido dos Trabalhadores, dentre as quais o fim do trabalho de base; e o paulatino cerceamento ao trabalho da Teologia da Libertação nas periferias paulistanas* [...] (D'Andrea, 2013, p. 50)

[...] *Se por um lado o PT e as CEBs[1] desapareceriam dos bairros populares, Paulo Maluf assumia como prefeito de São Paulo em um mandato que durou entre 1993 e 1996. Nesse período, sua gestão foi marcada por remoções de favelas; privatização de serviços públicos com o programa PAS na área da saúde; vertiginoso decréscimo na qualidade em áreas como educação e transportes públicos; políticas populistas como Projeto Cingapura; evidentes desigualdades na alocação de recursos municipais entre bairros periféricos e bairros de elite, do qual se sobressaem os gastos em pontes, avenidas e viadutos na região sudoeste e; por fim, escândalos de corrupção.* (D'Andrea, 2013, p. 51)

---

[1] Comunidades Eclesiais de Base.

Ao mesmo tempo que os referenciais de esquerda tradicionais se enfraquecem no cenário periférico, há um processo de aumento das desigualdades e desinvestimento em serviços públicos de qualidade. As políticas neoliberais impulsionam o processo de privatizações de empresas públicas e de diminuição das fontes de financiamento das políticas públicas; a redução dos empregos em regime CLT, aumentando a informalidade e o desemprego; a queda dos salários; a proliferação de condomínios fechados e casas de luxo; e o aumento das importações de produtos estrangeiros, entre outros elementos que caracterizam os anos 1990. As mudanças no mundo do trabalho levam a uma queda do número de trabalhadores sindicalizados e, consequentemente, da organização de trabalhadores e das paralisações, diminuindo a capacidade de negociação das categorias. Com essas mudanças, propaga-se uma narrativa de prosperidade e meritocracia em contraposição às ações de interesse e mobilização coletiva (D'Andrea, 2013).

Uma síntese das mudanças dessas formas de sociabilidade está bem elaborada na música "Fim de Semana no Parque" (1993), de Racionais MCs, na qual os artistas analisam a sociedade a partir de uma crítica sobre as desigualdades de acesso aos bens de consumo, a segregação espacial e os muros que separam ricos e pobres, negros e brancos, a falta de estrutura nas comunidades, a negligência do Estado, a violência e a pouca perspectiva de vida. Sendo assim, esta letra é um resumo da vida nos anos 1990 a partir das lentes da periferia paulistana.

> [...] *Condutas individualistas eram estimuladas e tudo aquilo que denotasse ser comum ou público era criticado em nome das vantagens do privado. A partir desse discurso, passam a ser justificados condomínios fechados, a privatização da gestão urbana e a substituição dos serviços públicos pelos serviços privados, por meio do desmonte do Estado, dentre outras medidas.* (D'Andrea, 2013, p. 54)

Olha meu povo nas favelas e vai perceber
Daqui eu vejo uma caranga do ano
Toda equipada e o tiozinho guiando
Com seus filhos ao lado estão indo ao parque
Eufóricos brinquedos eletrônicos
Automaticamente eu imagino
A molecada lá da área como é que tá

Provavelmente correndo pra lá e pra cá
Jogando bola descalços nas ruas de terra
É, brincam do jeito que dá
Gritando palavrão é o jeito deles
Eles não tem videogame, às vezes nem televisão
Mas todos eles têm um São Cosme e São Damião
A única proteção

No último natal papai noel escondeu um brinquedo
Prateado, brilhava no meio do mato
Um menininho de 10 anos achou o presente
Era de ferro com 12 balas no pente
E o fim de ano foi melhor pra muita gente
Eles também gostariam de ter bicicleta

De ver seu pai fazendo cooper tipo atleta
Gostam de ir ao parque e se divertir
E que alguém os ensinasse a dirigir
Mas eles só querem paz e mesmo assim é um sonho
Fim de semana do parque Santo Antônio

Vamos passear no parque
Deixa o menino brincar
Fim de semana no parque
Vou rezar pra esse domingo não chover

Olha só aquele clube que dahora
Olha aquela quadra, olha aquele campo
Olha, olha quanta gente
Tem sorveteria cinema piscina quente
[...]
Tem corrida de kart dá pra ver

É igualzinho o que eu ví ontem na tv
Olha só aquele clube que da hora,
Olha o pretinho vendo tudo do lado de fora
Nem se lembra do dinheiro que tem que levar
Do seu pai bem louco gritando dentro do bar
Nem se lembra de ontem, de hoje e o futuro
Ele apenas sonha através do muro

Milhares de casas amontoadas
Ruas de terra esse é o morro
A minha área me espera
Gritaria na feira (vamos chegando!)
Pode crer eu gosto disso mais calor humano
Na periferia a alegria é igual
É quase meio dia a euforia é geral

É lá que moram meus irmãos meus amigos
E a maioria por aqui se parece comigo
E eu também sou bam bam bam e o que manda
O pessoal desde às 10 da manhã está no samba
Preste atenção no repique atenção no acorde
(como é que é mano brown?)
Pode crer pela ordem

A número número 1 de baixa renda da cidade
Comunidade zona sul é dignidade
Tem um corpo no escadão a tiazinha desce o morro
Polícia a morte, polícia socorro
Aqui não vejo nenhum clube poliesportivo
Pra molecada frequentar nenhum incentivo
O investimento no lazer é muito escasso

O centro comunitário é um fracasso
Mas aí se quiser se destruir está no lugar certo
Tem bebida e cocaína sempre por perto
A cada esquina 100, 200 metros
Nem sempre é bom ser esperto
Schimth, taurus, rossi, dreyer ou campari
Pronúncia agradável estrago inevitável

Os jovens *hip-hoppers* que circulavam das periferias para as regiões centrais da capital viviam esse contexto de contradições sociais e transformação dos grandes centros urbanos. Também é importante enfatizar que neste momento o Estado tratava esse segmento geracional como sujeitos do futuro, nos quais seria preciso investir apenas para não se tornarem sujeitos subversivos, mas doutrinados a naturalizar as condições sociais a que estavam expostos; eles não eram sujeitos de direitos no presente. Estavam diante da escassez de oportunidades, do abandono e da violência, e suas famílias viviam uma precarização constante das condições de vida ocasionada pelo desemprego, informalidade e queda de rendimento financeiro.

Embora a narrativa hegemônica caracterize as periferias como espaços de pobreza, violência e precariedade, jovens moradores desses territórios começam a construir narrativas que, por um lado, denunciam as contradições existentes em seus territórios a partir de uma perspectiva estrutural mais abrangente, responsabilizando quem está fora deles pelas condições a que estão submetidos, e, por outro, enfatizam também as potencialidades e fortalezas construídas pelas pessoas que lá habitam apesar de todas as adversidades. Nesse contexto, os coletivos e movimentos culturais periféricos, que emergem a partir da atuação das juventudes dos anos 1990, fazem da arte um ato político e realçam os aspectos positivos do que é construído nas periferias, contribuindo para a afirmação e autoestima do sujeito periférico.

Desesperançada, pobre, desempregada e absorvida nas matanças corriqueira de jovens entre si e destes com a polícia, a população periférica empenhou-se em construir mecanismos e inventar formas para confrontar a violência e se manter viva. Lutar pela própria sobrevivência foi a questão catalisadora que fez girar uma engrenagem produtora de fatos e circunstâncias que afetam a vida social, sob o primado de soluções práticas para um contexto de morte. É nesse registro que se pode entender o surgimento de coletivos artísticos nas periferias. (D'Andrea, 2013, p. 14)

O Hip Hop, especialmente a música *rap*, teve um papel importante nessa reconfiguração, já que é a base e o impulsionamento dos coletivos culturais periféricos. Para compreender as raízes da organização política desse movimento, é preciso entender a emergência das organizações negras desde o final dos anos 1970, as quais têm um papel preponderante na caracterização do Hip Hop brasileiro. Ao apontar a carência de referenciais políticos nas periferias a partir da década de 1990, com a redução das ações de movimentos e partidos de esquerda, Tiarajú Pablo D'Andrea (2013) não considera o papel das organizações negras desse período, o que contribuiu para a reconfiguração da atuação política nas periferias, sobretudo devido ao seu impacto na orientação e agenda política dos coletivos de Hip Hop. É aqui que entra a história do Projeto Rappers.

Os Bailes Blacks da década de 1970 configuravam não apenas um movimento cultural, mas também político. Junto com as músicas negras afro-estadunidenses, circulavam revistas, vídeos, livros, entre outros objetos que conectavam o público negro brasileiro às produções afro-diaspóricas. Neste contexto, chegam informações sobre a cultura Hip Hop, primeiro por meio dos vídeos de jovens dançando breaking nos guetos de Nova York que eram projetados nos bailes, depois com a música *rap* e, posteriormente, com as revistas que ajudavam a compreender a totalidade deste movimento. A juventude negra das diversas periferias da cidade se deslocavam até o centro a fim de obter informações sobre os bailes, frequentá-los e construir conexões para circular pela cidade. Com a chegada do Hip Hop, passam a ocupar espaços públicos da cidade para treinar os movimentos de breaking, fazer rodas de *rap*, trocar informações sobre a cultura e montar as primeiras organizações de Hip Hop brasileiro.

Na ocupação desses espaços públicos, os praticantes da cultura Hip Hop sofriam diversas violências, como veremos ao longo do livro. A morte de Marcelo foi o estopim para que entendessem que precisavam se organizar politicamente para enfrentar a violação de direitos que experienciavam. Neste sentido, encontram no movimento negro, que já vinha denunciando as mortes e a violência contra a população negra de forma sistemática desde os anos 1970, uma referência para a sua articulação política. Por isso, começam a participar de marchas e a realizar apresentações culturais nas atividades das organizações negras.

Durante a Marcha da Consciência Negra em novembro de 1990, com a qual se juntaram para protestar contra a morte do jovem Marcelo houve, após longa caminhada pelo centro da cidade, um momento de culminância na Praça da Sé, na qual realizaram apresentações culturais de *rap*. Neste evento, encontrava-se Deise Benedito, responsável pelos trabalhos sobre juventude no recém-fundado Geledés Instituto da Mulher Negra (1988). Estimulada pela forma como os jovens do Hip Hop elaboravam as narrativas de denúncia e enfrentamento ao racismo, ela convida os grupos para conhecer a sede da organização. A partir desse momento, foram realizados diversos encontros que levariam à consolidação do Projeto Rappers, uma primeira iniciativa de diálogo intergeracional e construção colaborativa de movimentos e organizações negras com jovens do Hip Hop.

Nesse período, é a experiência racializada que organiza a conexão do movimento Hip Hop com as organizações do movimento negro. Estes movimentos sociais negros vivem uma fase de ascensão entre os anos 1980 e 1990, com progressiva institucionalização dos seus espaços de articulação política (Rios, 2008; 2015). De acordo com Suelen Girotte do Prado (2021), Geledés Instituto da Mulher Negra surge como resposta à necessidade de construção de uma organização autônoma de mulheres negras que buscasse enfrentar as questões de gênero e raça que atingem esse segmento populacional. As membras fundadoras são provenientes de movimentos negros e feministas em que tinham o desafio de realizar ações de feminização das questões raciais e a racialização do ideário feminista" (Shumaher, 2007, p. 329 apud Prado, 2021, p. 59). Isso significa que elas disputavam o campo feminista elaborando críticas com uma perspectiva racial – configurando aquilo que viria a ser o feminismo negro brasileiro – e, ao mesmo tempo, enfrentavam o machismo dentro das organizações negras, demonstrando como gênero também é um fator gerador de desigualdades que condiciona as mulheres negras à base da pirâmide social.

> *A fundação da Geledés representou a congruência das experiências do Coletivo de Mulheres Negras e a necessidade de independência das instâncias governamentais, ou seja, refletiu a ideia de emancipação, a busca de uma atuação autônoma, mas que, ao mesmo tempo, pudesse garantir a aproximação com a sociedade e discutir as questões que atravessavam as mulheres negras, porém de maneira independente. (Prado, 2021, p. 68)*

Conforme aponta Sueli Carneiro[2], Geledés Instituto da Mulher Negra se constitui como uma organização de mulheres negras que tem como foco o enfrentamento ao racismo e ao sexismo e a proteção dos direitos da população negra, especialmente das mulheres negras. As demandas gerais da população negra direcionam as ações da instituição, que busca responder os desafios de cada momento histórico. Na década de 1990, a organização foi desafiada pelas demandas do movimento Hip Hop. Quando chegam à instituição, os jovens *rappers* e dançarinos de breaking relatam as formas de cerceamento das suas práticas culturais enfrentadas ao ocupar os espaços públicos da cidade, a crueldade policial, o abandono e violação de direitos em suas comunidades. Eles demandam formações sobre direitos e racismo, mas também sobre culturas negras e profissionalização musical. A partir do primeiro encontro, são realizadas sucessivas reuniões até a fundação do Projeto Rappers, em 1992, mesmo ano do Massacre do Carandiru, que vem mais uma vez abalar os jovens que tinham familiares ou membros de famílias de suas comunidades encarcerados nesta unidade penitenciária. O Comandante Ubiratan Guimarães, que liderava o Policiamento Metropolitano em São Paulo quando houve a morte de Marcelo, viria a ficar conhecido como um dos responsáveis pela invasão do Carandiru.

Este livro busca trazer detalhes deste contato entre organizações negras, especialmente de Geledés Instituto da Mulher Negra, com a juventude negra e periférica do Hip Hop. No capítulo I, contextualizamos como o centro de São Paulo se consolida como um território negro; em seguida, no capítulo II, abordamos o contato do movimento de mulheres negras com o Hip Hop e o processo de construção do Projeto Rappers. A partir do capítulo III, começamos a apresentar os resultados desse processo, como a revista *Pode Crê!*, o Projeto Femini Rappers, as trajetórias dos participantes do projeto e as Pedagogias da Geração Hip Hop.

Para falar da história do Hip Hop brasileiro, é preciso passar pela história do Projeto Rappers. Como apontou Mano Brown, durante entrevista com Sueli Carneiro para o podcast Mano a Mano (2022),

Sueli Carneiro está ligada diretamente àquela segunda geração mais politizada do Hip Hop, de onde vem Racionais, DMN, FNR, dali saíram políticos, professores e artistas. Eu fui um dos primeiros a participar da reunião de vocês, frequentava como anônimo naquele tempo. As coisas começaram a acontecer ali e a carreira de muita gente foi criada e planejada dentro de Geledés. Pra gente que vinha de longe, eu vinha do Capão, o Xis vinha de Itaquera, toda aquela rapaziada, aquela militância, que foi a militância, ali foi o chão da pirâmide, a base, tudo veio dali. Daqueles caras vieram todos os outros. Sabe o que vocês deram, sem perceber? Ali todo mundo vinha de longe e vinha com fome, e parava ali no Geledés, ali era o escritório de geral, era a base, a ilha, você podia vir do fundo de Ferraz de Vasconcelos, Itapecerica, você podia ir no Geledés que você era recebido, bastava ser útil, tinha que ser útil.

---

2   Entrevista realizada com Sueli Carneiro sobre a memória do Projeto Rappers em 2022, na sede de Geledés Instituto da Mulher Negra.

I. Contexto:

centro da cidade de São Paulo como espaço de sociabilidade da juventude negra e o Hip Hop no Brasil

Entre o final do século XIX e o início do século XX, a população negra ocupou os subúrbios do centro de São Paulo. Com as mudanças nas atividades econômicas e o processo de industrialização ocorridos nesse período, possibilitados especialmente pelos recursos advindos da exportação de café, imigrantes europeus chegavam à cidade para ocupar os novos postos de trabalho. O inchaço urbano transformou a cidade em um ambiente caótico e a população crescia sem uma expansão territorial simultânea. Elite e trabalhadores compartilhavam o mesmo território, sendo que os primeiros ocupavam a região mais alta da cidade e a população pobre ocupava as margens dos rios Tamanduateí e Tietê.

O crescimento da cidade passa a ser visto como um problema de saúde pública pela elite, que começa a se afastar das regiões de maior densidade populacional e a ocupar as regiões da Avenida Paulista, Campos Elíseos, Higienópolis e Perdizes. Por volta de 1930 é implantado pelo governo municipal o Plano de Avenidas, por meio do qual se construiu um projeto de segregação espacial e expandiu a cidade para regiões mais afastadas, para onde foi transferida a população pobre de São Paulo. Acompanhado do Plano de Avenidas, é implementado o sistema de transporte público para interligar os moradores da periferia às suas regiões de trabalho (Caldeira, 2000).

Teresa Caldeira (2000) afirma que os lotes nas regiões das periferias não eram legalizados e não possuíam infraestrutura básica para a garantia dos direitos fundamentais de seus moradores, como hospitais, escolas, asfalto, saneamento básico, tratamento de água e energia elétrica. Dispondo de poucos recursos, a população dessas regiões passou a construir suas casas sem planejamento, de acordo com as suas possibilidades – autoconstrução. Enquanto isso, a classe média tinha suas moradias financiadas por instituições públicas, como o Banco Nacional da Habitação (BNH) e o Sistema Financeiro da Habitação (SFH), nas regiões mais estruturadas. Nesse contexto, cria-se um distanciamento geográfico e estrutural entre as diferentes classes sociais da cidade, levando a maioria da população, negra e pobre, às áreas mais precárias de São Paulo.

Mesmo sendo removidas para essas regiões da cidade, as pessoas negras continuaram ocupando as ruas do centro de São Paulo e demarcando seus espaços sociais, culturais, econômicos e políticos. Segundo Márcio Macedo (2007), o centro velho de São Paulo – República, Praça da Sé, Bixiga, entre outros – é um reduto negro. Essa região foi tradicionalmente ocupada pela população negra desde o final do século XIX, se consolidando como marco dos grandes encontros e onde as pessoas recebiam informações sobre eventos da cultura negra. Para Macedo:

o centro velho da cidade de São Paulo é, dentre outras apropriações, um território negro. Esse fato pode ser reforçado pela observação e pela historicidade deste locus. Nessa área estão localizados vários espaços que têm relação direta com a história e identidade negra paulistanas. (Macedo, 2007, p. 192)

Macedo (2007) nos apresenta que, desde o pós-abolição, a população negra ocupa a região do bairro Bela Vista, conhecida como "Bixiga", onde se localiza a centenária Escola de Samba Vai-Vai. Nos anos de 1940, a Rua Direita era um ponto de encontro do proletariado negro; nos anos de 1950, o Largo do Arouche se tornou outro ponto de encontro, onde há um busto de Luís Gama (1830-1882), herói oitocentista do panteão afro-brasileiro (p. 192). O local onde hoje se localiza a Praça Antonio Prado também é um território negro que abrigou o Largo do Rosário e a Igreja do Rosário dos Homens Pretos até 1903, quando o templo foi demolido e transferido para o Largo do Paissandu. Nessa mesma região central, na Avenida Rio Branco, está o *Green Express*, um dos mais tradicionais salões de *samba-rock* dos anos 1970, mesma época em que jovens negros se reuniam no Viaduto do Chá, em frente ao antigo Mappim, para trocar discos de música negra. Ainda nesta década, em 1978, é lançado nas escadarias do Teatro Municipal de São Paulo o Movimento Negro Unificado Contra a Discriminação Racial – MNUCDR, mais tarde nomeado Movimento Negro Unificado – MNU.

Nos anos 1980, os precursores do Hip Hop em São Paulo ocuparam o Largo São Bento, a Praça Roosevelt e o Shopping Center das Grandes Galerias, locais onde podiam ensaiar, trocar informações e adquirir materiais e discos de música negra. Poderíamos trazer vários outros fatores que fazem do centro velho de São Paulo um território negro (Macedo, 2007).

A juventude negra advinda de diferentes regiões da cidade, especialmente às sextas-feiras, continua, até os dias atuais, ocupando o mesmo centro velho como espaço de lazer, consumo, trabalho e construção de redes de sociabilidade. Muitos se deslocam de bairros bem distantes e mantêm o centro da cidade como espaço de identificação e referência, de onde levam informações para as suas quebradas[3] sobre a cultura negra, movimento negro, festas, bailes e música.

---

3   Forma como os jovens *hip-hoppers* se referem aos bairros de periferia.

> *Os negros, e em especial a juventude pobre, continuam a ocupar o centro seja para trabalhar, consumir ou se socializar nos momentos de lazer. Isso evidencia que essa região faz parte do circuito black da cidade, ou seja, uma série de locais espalhados pela metrópole que oferecem opções de lazer e socialização geralmente vinculadas à música, dança, festas religiosas e ao consumo específico do grupo. São bailes, clubes noturnos, escolas de samba, salões de cabeleireiros, lojas de discos, botecos, pontos de encontro, igrejas etc. O surgimento desse circuito é fruto da experiência da comunidade negra na cidade desde o século XIX e da sua relação com os espaços urbanos, mediada por problemas raciais e de integração social. (Macedo, 2007, p. 194)*

No início dos anos 1900 já existiam bailes que, como reflexo da forma como a sociedade paulistana estava organizada, eram segmentados por grupos étnico-raciais, sendo possível falar em bailes dos espanhóis, dos italianos e, em especial, os bailes da comunidade negra. As restrições causadas pelo valor de acesso ou por fronteiras grupais fizeram com que negros criassem meios alternativos para a sua diversão, como as festas de quintal e de garagem, que foram possibilitadas pela popularização das vitrolas. Estas festas comunitárias logo saem dos domicílios e passam a ocupar os salões de festas da cidade. João Batista de Jesus Félix (2005) afirma que os bailes refletem a racialização densamente presente na sociedade paulista, ou seja, reelaboram espaços marcadamente constituídos por traços de inclusão e exclusão (Félix, 2005, p. 18).

O Brasil da segunda metade do século XX é marcado por mudanças estruturais e econômicas que impulsionaram o crescimento do país e, na mesma medida, intensificaram as desigualdades sociais. Nesse cenário contraditório, onde o crescimento não é acompanhado da redistribuição de renda, e em que a concentração econômica e as desigualdades salariais se tornam ainda maiores, surgem novos movimentos sociais com características e identidades específicas. Até então, os movimentos da sociedade civil podiam ser lidos, em sua maioria, como movimentos homogêneos, em que predominava a identidade de classe. O impacto que as desigualdades tinham sobre os diferentes grupos impulsionou o surgimento de movimentos setorizados, com reivindicações peculiares, que levavam em consideração a realidade social e as formas de opressões vivenciadas por diferentes grupos, como os negros, mulheres, indígenas, entre outros. Esses novos movimentos sociais buscaram intervir nas decisões políticas, construindo um modelo cada vez mais participativo (Santos, 2007).

Como demonstra Lélia Gonzalez e Carlos Hasenbalg em *O Lugar do Negro* (1982), os altos índices de desigualdades na década de 1970 atingiram diretamente a população negra, o que culminou no aumento das disparidades raciais. Os contrastes sociais gerados por essa exclusão contribuíram para colocar em questão o mito da democracia racial que vinha sendo denunciado pelos movimentos sociais negros.

Organizações políticas negras brasileiras que até a primeira metade do século XX reivindicavam uma identidade nacional, a afro-brasileira, passam a partir dos anos 1970 a tomar um rumo cada vez mais africanista e a construir uma identidade afro-diaspórica (Guimarães, 2003). As experiências dos negros e das negras na diáspora, a luta pela libertação africana, o pan-africanismo e a solidariedade internacional ganham destaque, e os bailes black se configuram como os principais meios por onde se difundiam essas novas ideias, através do capital cultural trazido pela música estadunidense.

Macedo (2007) afirma que a virada dos anos 1950-1960 no Brasil é marcada por uma forte influência dos Estados Unidos e maior acesso aos bens eletrônicos, como as vitrolas e discos de vinil, meio pelo qual as pessoas negras de São Paulo passam a ter contato com artistas afro-estadunidenses. Como consequência, espalham-se as festas de quintal, já que as pessoas negras eram impedidas, por fatores econômicos, sociais e raciais, de frequentar alguns espaços de lazer. Já na virada dos anos 1960-1970, começam a surgir os primeiros DJs e as equipes de som responsáveis por fazer explodir os bailes blacks de São Paulo, como a "Chic Show", "Zimbabwe", "Transanegra" e "Black Mad", que ocuparam grandes casas noturnas da região central da cidade. A influência musical desses bailes eram o funk, o soul e o jazz, entre outros ritmos da música negra estadunidense.

Como demonstram Félix (2005) e Macedo (2007), nesse período também surgem, nas festas do Senhor Osvaldo, um novo estilo de dança dos negros paulistanos que mistura o *rock*, o samba e ritmos caribenhos, denominado *samba -rock*. Senhor Osvaldo, ou "seo" Osvaldo, foi o primeiro DJ brasileiro. Ainda sobre ele, Félix (2005) afirma que existe um movimento em busca de documentos históricos para provar que o mesmo foi o primeiro DJ do mundo, e assim registrá-lo no livro dos recordes. Ele organizava bailes em sua residência, localizada na região dos Campos Elíseos em São Paulo e, se apropriando de seus conhecimentos em técnica eletrônica, adaptou seus toca-discos para executar suas músicas de modo amplificado (Félix, 2005, p. 51). Com o passar do tempo, seus eventos saíram de sua residência e ocuparam salões de festas.

Sobre as festas de "seo" Osvaldo, Macedo (2007) afirma que:

> *Suas reuniões dançantes eram conhecidas como exibições da orquestra invisível, já que este senhor, ao adaptar uma vitrola para tocar de forma amplificada escondida atrás de uma cortina, dava a impressão a seu público de que uma orquestra de verdade estava tocando, a despeito de não o verem. (Macedo, 2007, p. 18)*

Os bailes aconteciam na região central de São Paulo. Porém, diferente dos primeiros anos do pós-abolição, os negros não habitavam mais os cortiços no centro da cidade. Como afirmamos, o centro foi elitizado por um projeto de segregação espacial que expulsou a parcela pobre da população para bairros de periferia em regiões distantes. Segundo Teresa Caldeira (2000), o espaço urbano é organizado segundo padrões de segregação, e o padrão de urbanização centro-periferia que foi instalado em São Paulo a partir dos anos 1940 fez com que diferentes classes sociais vivessem longe uma das outras.

Apesar de viver nas periferias e com transporte público precário, a população negra atravessa a cidade para ocupar as ruas do centro, onde deixa sua marca política e cultural. Foi por meio dos bailes black, a partir da década de 1960, que se difundiu no Brasil o sentimento de diáspora e ideias como o pan-africanismo e o movimento de negritude. Os bailes black de São Paulo e Rio de Janeiro uniam a população negra e expandiam a consciência black power.

> *Esses momentos foram a ocasião destes jovens experimentarem um tipo diferente de pertença racial que foi fornecido pela soul music, imagens e mensagens em que o conceito de diáspora africana começou a ser percebido como o elo entre os negros dos Estados Unidos e Brasil reformulando modelos de se comportar como masculinidade negra e valorizando a imagem do casal de negros em um contra-posição de imagens de raça mista. (Macedo, 2007, p. 200)*

> *[...] Os jovens negros paulistanos estavam deixando o cabelo crespo crescer e viajando nas músicas cheias de ritmo de James Brown, Curtis Mayfield, Marvin Gaye, Stevie Wonder, Isaac Hayes entre outros. Usavam calças boca de sino, camisas em V" e repetiam a frase Black is beautiful", reinterpretada no título da canção de Jorge Ben (e não ainda Benjor!) Negro É Lindo!".*
> *(Macedo, 2007, p. 200)*

As ideias difundidas pelas músicas, como a frase de James Brown "Say it loud: I'm black and proud!" (Diga alto: Sou preto e tenho orgulho disso!), contribuíam para a construção do orgulho negro. A música era um instrumento de construção da identidade negra nesse período, e Luiz Geremias (2006) afirma que ela trazia inspirações para uma unidade negra, um estilo de vida.

Paul Gilroy (1993) afirma que o triângulo atlântico (América, Caribe, Europa e África), formado pela diáspora negra, mobilizou lutas e promoveu trocas mútuas de imagens e símbolos. Este fenômeno possibilitou a circulação de personalidades negras, livros, tratados, informativos e demonstrou o poder transnacional da música negra, que tem ultrapassado as fronteiras dos Estados nacionais. As capas de discos, para o autor, foram usadas para abordar aspectos vivenciados pelo público negro e permitiram o compartilhamento de estilos e símbolos que constituem a ideia de negritude. Ainda, a música facilita a circulação de ideias que geram prazer e desejos, sendo um importante elemento político que ultrapassa o impacto comercial.

De acordo com Gilroy (1993), a cultura afro-americana tem fornecido uma linguagem política para o universo público dos negros:

The formations and transcendence of the market for 'race records' is there to behold. The secularization of black music which led to soul, the civil rights struggles and, in particular, the Black Power movement, can all be apprehended by this means. The ebbs and flows in black political culture have been faithfully transcribed through the text, imagery and artwork of the record sleeve (Gilroy, 1993, p. 244).

Tradução livre: As formações e a transcendência do mercado de discos estão aí para serem observadas. A secularização da música negra que levou ao soul, às lutas pelos direitos civis e, em particular, ao movimento Black Power, podem ser apreendidos por esse meio. Os fluxos e refluxos da cultura política negra foram fielmente transcritos por meio do texto, imagens e arte da capa do disco (Gilroy, 1993, p. 244).

First the rhetoric of rights and justice, then the discourse of Black Power crossed the seas and enabled Black folks here, there and everywhere to make sense of the segregation, oppression and exploitation they experienced in their countries of residence (Gilroy, 1993, p. 251).

Tradução livre: Primeiro a retórica dos direitos e da justiça, depois o discurso do Black Power cruzou os mares e permitiu que os negros aqui, ali e em todos os lugares entendessem a segregação, opressão e exploração que experimentaram em seus países de residência (Gilroy, 1993, p. 251).

Segundo Spensy Pimentel (1997), nesses bailes eram projetados nas paredes imagens do contexto afro-estadunidense, como filmes, fotografias e videoclipes. Também eram divulgadas ideias de pensadoras e pensadores do continente africano e da diáspora negra, como o livro que se tornou expressivo, *Uma Alma no Exílio* (1971), de Eldridge Cleaver, se tornou expressivo.

> *Havia a filosofia que embalou os sonhos dos Panteras Negras, o grupo político que fez da radicalização do protesto negro sua bandeira de luta nos Estados Unidos da década de 60, uma sociedade que ainda absorvia as ideias de Malcolm-X, considerado o profeta do orgulho negro. Tratava-se de um apelo à união da raça em torno de um modo de se vestir, de dançar, de ser, de ter e demonstrar uma atitude, termo muito usado pelos* hip-hoppers *de hoje. (Geremias, 2006, p. 38)*

> *Na mesma época em que Grandmaster Flash realizava suas primeiras festas com 3 ou 4 mil pessoas em Nova York, no Rio de Janeiro havia bailes soul para até 15 mil pagantes. A partir dos primeiros Bailes da Pesada, organizados pelo discotecário Ademir Lemos e o locutor de rádio Big Boy, o Black Power espalhou-se pelo Brasil, sobretudo por São Paulo, Brasília e Salvador. (Pimentel, 1997, P. 37)*

Como nos lembra Félix (2005), os bailes black são espaços políticos porque neles são negociadas e construídas identidades, e seus frequentadores buscam não apenas dançar e ouvir música, mas também um espaço onde possam se sentir entre iguais, em que o entretenimento é vivenciado como um momento alternativo ao racismo cotidiano, pois nesse lugar não se reporia a hierarquia racial presente no cotidiano (Félix, 2005, p. 18).

Nesse contexto, aqui no Brasil explodem personalidades do universo da música e cultura negra como Gerson King Combo, Tony Tornado, Jair Rodrigues, Tim Maia, Valmir Black, entre outros. Vale lembrar que os bailes black também sofreram perseguição frente à ditadura militar por estimular o orgulho negro em um momento em que o nacionalismo era exaltado pelo Estado (Pimentel, 1997).

Foi por meio da comercialização dos discos que os negros brasileiros recebiam informações referentes ao que acontecia no universo afro-estadunidense e afro-diaspórico, especialmente sobre a música, os movimentos da juventude negra e os direitos civis. Foi também por este meio que começaram a chegar informações de um movimento político e cultural que se consolidava nos guetos dos EUA, o movimento Hip Hop, fortemente influenciado pela música negra, principalmente o funk e o soul, e pelo movimento dos Black Panthers, já que o precursores do Hip Hop também eram, em grande parte, irmãos mais novos de integrantes desta organização política (Pimentel, 1997). O Hip Hop brasileiro teve suas raízes formadas nos bailes black, ponto de partida para que os jovens negros que frequentavam os bailes começassem a ocupar as ruas do centro da cidade.

HIP HOP INVADE A CENA: FESTAS, PRAÇAS, RUAS E QUEBRADAS

Em meados dos anos 1980, surgia nos bailes black um novo estilo musical formado nos Estados Unidos e caracterizado por ser um canto falado, o *rap*. A princípio, ficou conhecido entre o público como "tagarela", e como a música de fundo era sempre o funk, ele passou a ser chamado de 'funk falado'" (Félix, 2005, p. 71). Segundo Félix, embora as pessoas não compreendessem o que era falado nas letras, isso nunca foi impedimento para que o público curtisse o som. Em conjunto com as músicas, algumas equipes de festas exibiam clipes para fazer o público perceber que essas músicas falavam de negros, preconceito, racismo, discriminação e violência policial, realidade que também enfrentavam aqui no Brasil. Esses clipes também traziam passos de dança que se difundiam no Brasil. No momento em que o povo brasileiro intensifica sua reação à ditadura militar, importa-se da diáspora negra nos Estados Unidos (EUA) um estilo musical que servia como instrumento de emancipação econômica e sociorracial entre a comunidade negra.

A chegada do Hip Hop, através dos bailes black, fez com que surgissem diversos dançarinos que imitavam os passos e as performances dos afro-estadunidenses. A prática dessa nova dança ocupava boa parte dos recintos, gerando preocupação para os donos dos bailes que não queriam perder espaço físico nas festas, que já costumavam estar superlotadas. Isso fez com que esses dançarinos fossem à procura de novos territórios, passando a ocupar as praças da região central da cidade (Félix, 2005).

Partindo dos bailes black, o primeiro ponto de encontro dos jovens *hip-hoppers*[4] em São Paulo foi o Teatro Municipal, seguindo para a rua 24 de maio, em frente ao Shopping Grandes Galerias", e logo depois para o Largo São Bento e a Praça Roosevelt (Félix, 2005). Foi na Estação São Bento que os dançarinos de breaking aprimoraram suas técnicas de dança, e que nasceu o *rap* brasileiro, cantado em cima de palmas e bases feitas com a boca que imitavam o som das batidas – o que se entende hoje como beatbox (Geremias, 2006). Ao longo desses anos foram realizadas no centro apresentações públicas de breaking e batalhas entre os grupos de diferentes bairros da cidade, e foi lá também que se revelaram personalidades e grupos do Hip Hop brasileiro, como Nelson Triunfo, Sharylaine,, Back Spin, Racionais MCs, Lady Rap, Nino Brown, Jabaquara Breakers, Thaíde & DJ Hum, MC Jack, DMN, entre outros.

Logo, o Hip Hop no Brasil começa a se organizar através das reuniões realizadas por jovens negros na Estação São Bento e, mais tarde, na Praça Roosevelt, centro de São Paulo. Nessas reuniões, MCs, dançarinos, grafiteiros, DJs e intelectuais de rua buscavam conhecimentos sobre os elementos da cultura Hip Hop por meio do acesso às revistas produzidas pelos *hip-hoppers* estadunidenses, traduzidas de forma precária. Como diz KL Jay[5]: "Um cara arranjava uma revista, traduzia naquele inglês macarrônico, levava para o pessoal [...]" (Geremias, 2006, p. 44).

---

4 Termo utilizado para designar pessoas adeptas desse movimento, não apenas aquelas que praticam um dos quatro elementos fundantes (DJ, MC, breaking ou graffiti), mas também aquelas que se identificam, participam, produzem conhecimento e pertencem à comunidade Hip Hop.

5 DJ do grupo de rap Racionais MCs

No decorrer dos anos 1980 e até o início dos 1990, B.boys, DJs e rappers fizeram da Estação São Bento do metrô o local de origem do movimento Hip Hop no Brasil. A Praça Roosevelt, no decorrer dos anos 1990, passou a ser um ponto de encontro de grupos de rap, deixando a Estação São Bento apenas para os B.boys. Atualmente, o chamado Bronx, subsolo do Shopping Center Grandes Galerias, localizado entre a Rua 24 de Maio e a Avenida São João, é o local privilegiado para se adquirir discos e os mais variados artigos da "cultura" ou do movimento" Hip Hop além de ser possível cortar, trançar ou alisar o cabelo em um dos salões de cabeleireiros black. (Macedo, 2007)

Em 1990, os grupos de rap que lá se reuniam formaram a posse Sindicato Negro. Entre 1991 e 1992, as incursões da PM para blitz na Praça Roosevelt aumentaram de forma exponencial. Muitas vezes, mais de uma em um único dia. E mais violentas também, embora os jovens tivessem permissão para estarem ali, e nunca fosse encontrado nenhum tipo de droga, arma, ou qualquer outra substância, objeto ou atividade ilícita, bem como nenhum tipo de ocorrência, seja de crime, de violência ou sequer de perturbação da ordem pública. Ficava óbvio que o motivo dessas blitze era o racismo, somado às letras e aos efeitos do discurso do rap. (Clodoaldo, 2022)

É também na Praça Roosevelt que, em 1988, surge a Posse de Hip Hop Sindicato Negro. Segundo Félix (2005), o nome já evidenciava a preocupação com a questão racial. Osmundo Pinho (2001) define as Posses como grupos coletivos que se organizam localmente, em seus bairros ou regiões, com o objetivo de resgatar a autoestima da juventude local e promover a conscientização política. Félix (2005) afirma que é nas Posses que o Hip Hop tem a sua existência vivenciada plena e criticamente; é nela que os ativistas desse movimento fazem suas reflexões críticas e ideológicas. Para uma Posse ser reconhecida, basta que um grupo de pessoas que praticam elementos do Hip Hop se juntem, não sendo necessário o grupo ter uma sede.

Do centro, esses jovens começam a levar para as suas quebradas os elementos da cultura Hip Hop e a montar organizações locais/territoriais de Hip Hop. A despeito da atuação das Posses estar centrada nas periferias, o centro continua sendo um espaço de referência e de trocas de informações. Rapidamente, os elementos do Hip Hop se espalham pela cidade de São Paulo e vão adquirindo novos contornos, como no caso do *Rap*, que pode significar muitas coisas, mas é, originalmente, traduzido como "Ritmo e Poesia". Devido ao seu caráter político, foi ganhando novos sentidos pelas ruas do mundo, e em São Paulo, por exemplo, já foi traduzido pelos próprios *hip-hoppers* como "Revolução" através das palavras, "Ritmo Alternativo e Protestante", entre outros.

II. Projeto Rappers:

história e dinâmica de uma experiência

O ENCONTRO ENTRE O FEMINISMO NEGRO E O HIP HOP

Os pontos de encontro dos rappers que viviam nas diversas periferias de São Paulo, como reiteramos continuamente nesse livro, eram espaços públicos do centro da cidade, onde a juventude do Hip Hop ensaiava, improvisava shows e dialogava sobre assuntos diversos. Os temas debatidos entre as e os *hip-hoppers* se relacionavam com as expressões culturais que estavam praticando e com as experiências de seus cotidianos negro e periférico, como as desigualdades, os pontos em comum da vida nas periferias, o racismo, a relação com as polícias, a violência e as drogas.

Mas a ocupação desses territórios não era tranquila. Havia a ação truculenta dos órgãos de segurança estatais para que a juventude negra, pobre e periférica não estivesse presente nos espaços comuns e centrais da cidade. Um marco do que ocorria com os *rappers* no centro da cidade é a morte de Marcelo de Jesus, em 1989. De acordo com Paulo Ramos (2021):

Marcelo era negro, tinha 19 anos, era do grupo de rap Magic, estava voltando para casa no vagão do metrô Linha Vermelha, que os levava à Zona Leste. Ele estava com outros amigos, saindo de um show de rap, batucando e rimando no metrô. Um policial militar que estava no vagão se sentiu ofendido, foi ter com os rapazes e matou um deles.

São muitos os fatores envolvidos nesse episódio: um jovem negro na mira da arma policial; o policial atirou na testa, isto é, atirou para matar; eles estavam em um espaço público, usufruindo de um direito; o motivo da abordagem foi a manifestação cultural de um grupo de cultura negra (Ramos, 2021, p. 43).

A morte de Marcelo, pelo simples fato de estar cantando *rap* dentro do metrô, revela facetas da relação dos órgãos de segurança pública com a presença das expressões culturais negras nos espaços públicos. Revela também que a repressão à cultura Hip Hop faz parte de um processo histórico de perseguição às manifestações protagonizadas por esse grupo racial. Desde o século XIX, manifestações culturais da população negra – como capoeira, religião, batuque e pagodes – eram perseguidas e proibidas em espaços públicos através de leis nos diferentes territórios do país (Fernandes, 1972; Cavalheiro, 2006). Com a geração Hip Hop e, posteriormente, com o funk, esse crescimento se dá, sobretudo, por meio da repressão policial.

O caso de Marcelo chocou a comunidade Hip Hop, porque seus membros sabiam que poderia ter acontecido com qualquer um deles. Como lembra Clodoaldo[6], "a gente estava, infelizmente, acostumado com a repressão policial, com a repressão dos seguranças do metrô, mas ainda não tinha chegado num caso letal e esse caso letal surgiu". O acontecimento levou os *rappers* a reforçar e organizar melhor as narrativas de denúncia em suas músicas a fim de enfrentar a violência cotidiana, além de fazer reuniões e manifestações sobre o assunto.

Portanto, para nós, o motivo dessas blitze, o teor dos xingamentos ou das piadas proferidas pelos policiais nestes momentos deixaram muito transparente: era o racismo de sempre, que vê ameaça quando um grupo de jovens pretos está reunido e o fato de sermos "do rap", como muitos PMs passaram a identificar jovens periféricos de boné, roupas largas, etc. Isso nos gerou medo e incômodo, e foi um dos fatores para o fim das reuniões da Roosevelt. Houve um esvaziamento gradual, e o número reduzido de jovens tornou o local ainda mais perigoso para quem ia. Então passamos, de forma involuntária e inconsciente, a nos reunirmos numa lanchonete próxima. Isso nos enfraqueceu enquanto movimento orgânico, até que ninguém mais foi. Na Roosevelt, essa truculência policial foi um dos motivos, além da morte da principal liderança de lá, o fundador

de nossas reuniões, JR Blaw, morto num atropelamento. Decidimos dar um passo a mais rumo a uma organização maior e também formamos uma Posse, o Sindicato Negro, tendo até mesmo um "uniforme", uma camiseta que nos identificava, entre outros planos mais ambiciosos. Porém, essas repetidas ações violentas, a última delas com nosso espaço na praça sendo cercado por cerca de 8 a 10 camburões da ROTA e cerca de 40 policiais nos apontando escopetas calibre 12, nos fizeram ir caminhando para trás até que tudo acabasse. Éramos todos muito jovens, tínhamos uma noção muito restrita sobre direitos e rasos contatos com outros movimentos, grupos ou pessoas que pudessem ser nossos aliados. A cobertura da mídia a respeito do rap, à época, não ajudava em nada. Logo, denunciar para a imprensa, ainda que tivéssemos contato, não era uma opção. Por outro lado, todos nós tínhamos vasta experiência sobre o que é, e no que dá, bater de frente com a PM, em especial a ROTA! E este foi o fim das reuniões da Roosevelt e do Sindicato Negro. Os problemas do rap com a PM continuavam nos eventos públicos e alguns privados também, nas periferias. A PM passou a invadir salões de bailes para intimidar artistas, público e principalmente empresários da noite para que não realizassem em suas casas noturnas eventos com shows de rap, sob a desculpa de sempre: suposta ligação do rap com drogas e violência. (Clodoaldo, 2022)

---

6   Entrevista realizada com Clodoaldo Arruda sobre a memória do Projeto Rappers em 2022, na sede de Geledés Instituto da Mulher Negra.

Assim como Clodoaldo, Markão destaca que esse momento tem como marco a redemocratização pós-ditadura e o centenário da abolição da escravatura em 1988. A experiência compartilhada entre jovens negros e periféricos e as narrativas de denúncia dos *hip-hoppers* impulsionaram a proliferação de diversos grupos de *rap* na cidade. É importante destacar que as produções musicais e audiovisuais de *rappers* estadunidenses, permeados por uma reflexão sobre a perseguição e repressão aos jovens negros moradores dos guetos do país, criou uma identificação entre os brasileiros e os ajudou a compreender que sua realidade fazia parte de um sistema de dominação racial, onde opera o racismo, e que é herança de um processo colonial que provocou uma diáspora negra forçada.

> *[...] começou a surgir a necessidade da gente começar a entender melhor como era a questão do racismo no Brasil. Isso porque a gente começou a acompanhar alguns materiais de rap vindo dos Estados Unidos, e a gente começou a se identificar com alguns videoclipes e algumas falas de alguns grupos norte-americanos sobre a questão do racismo lá. E começamos a entender que aqui no Brasil tinha muita similaridade com o que acontecia com os pretos norte-americanos e com os pretos aqui no Brasil.*

A expansão da narrativa de denúncia e enfrentamento no *rap* brasileiro, que tinha como objetivo colocar em evidência as injustiças sociais a que esses *rappers* estavam submetidos, na verdade estimulou ainda mais a repressão aos jovens que o produziam.

> *A gente passou a se inspirar nisso e no nosso cotidiano, que também não era fácil. Pois bem, depois da morte do Marcelo e com todo esse cenário de informações que vinham (como o rap ficou mais agressivo – eu digo politizado, mas as pessoas dizem agressivo), as forças de Estado, a mídia e, por consequência da cobertura da mídia, as forças do Estado começaram a ser mais contundentes também em relação ao Hip Hop. Então, rolou muita repressão em shows de rap e em espaços que a gente ocupava, como a São Bento e depois a Praça Roosevelt, que começou a ser ocupada ali depois de 1990. (Clodoaldo, 2022)*

Conforme o Hip Hop assume progressivamente um caráter mais politizado e combativo, assim como cresce seu número de praticantes, o cerceamento da utilização dos espaços públicos aumenta ainda mais. Na virada dos anos 1980 para 1990, a São Bento, berço da cultura Hip Hop, estava esvaziada porque havia repressão da segurança do metrô e das polícias, já que a secretaria de transporte "não permitia mais que se reunisse ali" (Clodoaldo). Desta forma, grupos de *rap* que frequentavam a estação São Bento passaram a ocupar a Praça Roosevelt aos finais de semana. No entanto, a ROTA (Rondas Ostensivas Tobias de Aguiar) também passou a reprimir e fazer revistas constantes para tentar dispersar a juventude negra e periférica do novo espaço. A perseguição à cultura Hip Hop se dá desde os seus primeiros passos no país, já que os shows de rua, realizados por atores e atrizes desse movimento no centro da cidade, eram encerrados de forma truculenta por servidores da segurança pública e, como aponta Clodoaldo, não havia abertura para "diálogo com prefeituras, governo, secretarias".

A Praça Roosevelt começou a ser visitada constantemente pela ROTA, cada vez com mais viaturas: uma vez com duas, outra vez com três; até que um dia, eles realmente cercaram a Praça Roosevelt, como se houvesse ali uma quadrilha armada em flagrante delito, né? No entanto, era a visão que eles tinham: de que o Hip Hop era formado por quadrilhas, baderneiros, vândalos ou até bandidos mesmo. Essa repressão começou a se espalhar não só nos pontos de reunião que tínhamos, como a São Bento e a Roosevelt, mas também foi para os shows que promovíamos nas praças, nas ruas e, enfim, em diversos locais. (Clodoaldo, 2022)

A partir desses acontecimentos e das influências e identificação com as narrativas e produções dos *hip-hoppers* estadunidenses, os *rappers* percebem a necessidade de compreender melhor a questão racial e os direitos humanos no país. Como ponto de apoio para o desenvolvimento de uma leitura crítica do contexto, passam a ter maior contato e articulação com os movimentos sociais e os partidos políticos progressistas.

Em 1990, após a marcha da Consciência Negra no 20 de novembro, jovens *hip-hoppers* que ocupavam o centro da cidade realizaram apresentações durante uma atividade cultural na Praça da Sé. Neste espaço, tiveram contato com Deise Benedito, que representava Geledés Instituto da Mulher Negra. Ao ouvir os jovens *rappers* cantando sobre desigualdades, violência, racismo, perseguição policial e lideranças negras, como Zumbi dos Palmares e Malcolm-X, Deise Benedito buscou uma aproximação para dialogar com os grupos, apresentar sua organização e convidá-los para uma visita.

> [...] fui vendo os vários discursos dos jovens sobre o racismo, que o metrô era racista, que a diretoria do metrô era racista, né? E que eles tavam lá reivindicando. Eu falei, gente, a gente vai fazer uma grande revolução nessa cidade porque principalmente naquela época, nos anos 90, entre 85, principalmente entre os anos de 85 aos 90, tinha um índice de morte elevadíssimo em São Paulo, né? Elevadíssimo, principalmente nos salões do baile. Então, tipo, a violência, um apogeu de violência, uma coisa assim, indescritível [...] (*Deise Benedito, 2022*)

> [...] teve um espanto na hora dessa integrante do Geledés ouvir a gente cantando as músicas, o que politicamente já estava sendo travado em diversas outras discussões dentro do movimento negro. Ela falou: "legal o que vocês estão colando, vocês não queriam conhecer a entidade na qual eu faço parte para gente discutir um pouco o que vocês estão pensando e vocês também conhecerem o que estamos fazendo?" Então, basicamente o contato com o Geledés se deu a partir deste momento, desta atividade de 20 de novembro que, na verdade, foi uma finalização da marcha com um comício na Praça da Sé. (*Markão, 2022*)

> Esse teor de exaltação à África, à pretitude e às personalidades pretas chamou a atenção de Deise Benedito, militante antirracista, feminista e de Direitos Humanos, que à época trabalhava em Geledés. Ela se aproximou de nossa roda onde haviam vários grupos e membros de grupos de rap, não lembro quem mais estava nessa primeira aproximação, se apresentou e quis saber um pouco mais sobre o rap, o Hip Hop, o que pensamos, nossa visão sobre certos assuntos, etc. Conversa vai, conversa vem, conversa foi, marcamos de nos encontrar na sede do Geledés, na época, próxima à Praça João Mendes, no centro de São Paulo, não me lembro agora o endereço exato. (*Clodoaldo, 2022*)

A partir desse momento, começam os encontros que levariam à formação do Projeto Rappers. Essa conexão tem como ponto de partida o compromisso de que esses primeiros interlocutores de Deise Benedito convidariam outras pessoas para participar das reuniões para fazer visita à Geledés.

Eu chego no Geledés convidada por um dos meninos do DMN, que eu não lembro qual, para uma reunião, uma reunião com poucas pessoas, né? Porque o Geledés, as mulheres de Geledés, queriam conhecer o pessoal do movimento Hip Hop. E aí isso é bem no comecinho dos anos 90. Eu já tinha gravado minha primeira EP com o nome de Consciência Black e já tinha também começado a fazer produções independentes, então eu ia pro estúdio já para fazer as minhas próprias músicas para poder rodar com o show. (Sharylaine, 2022)

Meu grupo, naquela época chamado "Personalidade Negra", convidou a Chris do grupo "Lady Rap", que também integrava o Sindicato Negro. Outros grupos do Sindicato foram convidados, mas nessa primeira reunião, por meio do meu intermédio, somente o "Lady Rap" foi. O "Face Negra", também do Sindicato, só se juntou meses depois. Pelo que me lembro, os artistas da zona leste foram todos convidados pelo DMN, que é de Itaquera: Sharylaine, "Posse Aliança Negra", representada por Franilson, do grupo "Fator Ético", que na época se chamava Conexão Break Rap, Still e Fat, que juntos formavam um grupo cujo nome não me recordo, e uma amiga, que não era rapper, de um dos membros do DMN, chamada Tina. Outro grupo do Sindicato que também compareceu, mas não fui eu que chamei, pois não tinha o contato deles, mas o DMN tinha, era o FNR. Um dos membros do FNR morava na zona sul, região do Campo Limpo, e era membro de outra Posse, a Conceitos de Rua, que participou da reunião representada pelo Kall. Não me falhando a memória, essa foi a formação da primeira reunião, junto com Deise Benedito, e as irmãs e integrantes da direção de Geledés, Solimar e Sueli Carneiro. (Clodoaldo, 2022)

Figura 2: Integrantes do Projeto Rappers nas primeiras reuniões com Geledés, em 1992. Fonte: Arquivo Geledés Instituto da Mulher Negra. Ao fundo, da esquerda para direita: Stillo (The Forces MCs), Lino Krizz (Face Original), Clodoaldo Arruda (Personalidade Negra/Resumo do Jazz) DJ Lau e DJ Lee. Em frente, da esquerda para direita: Danielle Reis (Tese Real), Vanessa Martins (Tese Real), Shirley, Taty Godoi (Tese Real) e Marcelo Cavanha (Personalidade Negra/Resumo do Jazz).

A necessidade de uma compreensão mais elaborada sobre o que acontecia com eles, assim como de estratégias de atuação e defesa, foi o que os levou a se reunirem com Geledés Instituto da Mulher Negra. As demandas que os levam à instituição são o acesso ao conhecimento, formação político-cultural, proteção legal, articulação política, atuação em defesa de seus direitos e profissionalização artístico-cultural.

> [...] Aí então, eu marquei um dia e foi um bando de menino, mais de vinte meninos no Geledés. A Sueli levou um susto: "Que que eu vou fazer com esses meninos?" Daí eu falei: eles querem aprender. Eu lembro muito bem que o Xis falou: "Nós estamos aqui pra aprender. A gente tá aqui é porque a gente precisa de informação, a gente precisa de informação pra gente se defender, pra poder incidir. Porque não é só Hip Hop, é a nossa participação". E o Clodoaldo falou: "Também quero aprender, também quero saber". Eu lembro que o meu livro do Malcolm-X, A Autobiografia de Malcolm-X, eu emprestei pro Brown e até hoje está com o Brown. Aí, quer dizer, foi muito legal porque eles trouxeram todas essas demandas, né? A necessidade de aprendizado que esses meninos queriam. Eles queriam aprender, eles queriam conhecer a verdade, eles queriam saber como é que se dava a questão racial no Brasil. Como e por quê? E o mais interessante desse movimento é que esses meninos começaram a frequentar Geledés.

> Aí veio a proposta por parte de Sueli Carneiro e de Solimar, de criação do Projeto Rappers. A coordenadora desse Projeto Rappers foi a Solimar e a ideia era fazer discussões, grupos de estudos. Aí surgiu a primeira revista de rap, de Hip Hop no Brasil, do Projeto Rappers. (Deise Benedito, 2022)

> A gente chega no Geledés com o pensamento de que não iríamos mais depender da MTV para ver vídeos de rap, das equipes para ouvir, dançar e tocar. Íamos conseguir fazer os nossos shows. Tinha também o lance da informação. Éramos sedentos por informação porque a gente tinha referências de artistas e líderes, mas a gente só ouvia os nomes, não tinha acesso a livros e músicas. Eu acho que pra gente era muito "mano, vão socorrer a gente", e foi o que aconteceu. Veio o lance do Movimento Negro, veio a química de jovens hip-hoppers com o Movimento Negro, que já estavam por décadas lutando pela questão Preta e que a gente também não tinha acesso. (XIS, 2022)

Pois bem, neste contexto, a principal pauta entre nós do Hip Hop e o Geledés foi discutir como é que nós poderíamos, para quem nós pediríamos ajuda, que tipo de estrutura nos atenderia para que a gente parasse de ser reprimido e ameaçado daquela forma. Se o Geledés poderia ajudar, se tinha alguma instância do Estado que nós tínhamos que acionar e não estávamos sabendo. A gente queria informação e algum tipo de consultoria nesse sentido de como é que nós poderíamos continuar praticando as nossas atividades, que não eram criminosas, né? Era música, era cultura e trabalho comunitário, sem sermos violentamente reprimidos pelas forças de Estado que deveriam, inclusive, nos proteger, quiçá até nos agradecer por estarmos fazendo parte do trabalho deles, né? Que era promover cultura, lazer e muitas vezes alimentação e abrigo. (Clodoaldo, 2022)

Quando essa juventude do Hip Hop bate na porta do Geledés com uma demanda muito complicada, muito inusitada e muito desafiadora para uma organização com o nosso perfil, nós somos uma organização de mulheres negras que tem o foco no combate ao racismo e sexismo, sobretudo em relação às mulheres negras. Mas desde sempre o Geledés tem essa prioridade de ser um instrumento de luta para as mulheres negras e para a população negra. As demandas gerais da população negra sempre estiveram no nosso horizonte e é nesse momento que somos desafiadas.

Em 1992, um conjunto de jovens negros pertencentes às bandas de rap nos aborda, trazendo a seguinte questão: as bandas de rap eram sistematicamente objetos de violência policial naquele momento, especialmente durante os shows que eles realizavam com a participação absolutamente massiva de jovens negros. Essas bandas chegaram ao Geledés perguntando o que é que o S.O.S Racismo poderia fazer no sentido de proteger essas bandas dessa violência que sistematicamente se abatia sobre eles.

O S.O.S. Racismo era um dos projetos do programa de Direitos Humanos que eu coordenava na época e que prestava assistência jurídica para vítimas de racismo, então eles bateram na porta correta, só que essa porta correta não tinha estrutura para responder ao tamanho do desafio, porque qual era o universo que eles estavam falando? Semanalmente, geralmente nos fins de semana, as bandas se reuniam em lugares abertos das periferias e cada um dos shows conseguia agregar cinco mil jovens. Como é que uma estrutura jurídica pequena com dois advogados poderia dar conta de uma situação que estava dispersa em vários bairros da periferia?

Nós não tínhamos a menor estrutura, mas não tínhamos condições de dizer não para aqueles jovens, tamanha era a complexidade do problema que eles estavam trazendo. (Sueli Carneiro, 2022).

Foram diversas reuniões entre os *rappers* e a equipe de Geledés, nas quais as pessoas participantes traziam múltiplas demandas de apoio para atuar política e artisticamente em seus contextos: "a gente chega no Geledés em função da violência policial e do racismo que a gente sofria, ao mesmo tempo de uma necessidade de profissionalizar a cultura que era artística e política" (Kall do Vale, 2022). Os principais temas debatidos nesses encontros foram: a violência policial, repressões aos eventos e shows realizados pelos *hip-hoppers*, formas de intervenção, defesa de direitos e desenvolvimento do Hip Hop enquanto movimento cultural e político.

As primeiras pautas eram a violência policial e a repressão aos eventos, aos shows e ao desenvolvimento do Hip Hop enquanto movimento que a gente queria fazer, e as forças policiais e de segurança não deixavam. A partir de uma quarta, quinta, sexta conversa, as conversas foram se ampliando e aí caímos na questão de gênero, na questão racial de forma mais aprofundada, caímos na questão de direitos e garantias fundamentais, enfim, o leque de assuntos foi se ampliando, as especificidades foram aumentando e tal. Aí decidiu-se que só aquelas reuniões à noite de 1 hora e 30 minutos a 2 horas não estavam dando conta de suprir essa curiosidade toda e, ao mesmo tempo, também as militantes do Geledés falavam: "pera, tem esse assunto, tem um cara que conhece mais, eu tenho um especialista, eu tenho um militante das antigas que vocês precisam conhecer." (Clodoaldo, 2022)

Geledés Instituto da Mulher Negra foi a primeira organização institucionalizada que leva a sério as narrativas de demandas do movimento Hip Hop, fazendo uma série de reuniões que viriam a construir uma resposta colaborativa em direção aos anseios dos jovens naquele momento histórico. A organização encarou esse desafio compreendendo que sua ação partiria do protagonismo deles, porque reconheciam seu potencial e porque sabiam que o que eles precisavam era de apoio para organizar suas ideias e atuação. Como aponta Solimar: "o desafio era como trabalhar com jovens sem ser tutor, sem ter essa postura da tutoria, essa postura de que olha nós somos mais velhas, nós somos uma organização, nós fazemos isso e vocês têm que seguir isso., Essa não era nossa perspectiva." Kall do Vale, um dos *rappers* participantes do projeto, compreende que Geledés também observou a potência artística, política e intelectual de todos que estavam ali, que eram "diamantes ofuscados pelo racismo e pela falta de oportunidade[7]". Nesse sentido, Sharylaine compartilha sua percepção da organização naquele momento:

---

7   Entrevista realizada com Kall do Valle sobre a memória do Projeto Rappers em 2022, por plataforma de reunião virtual.

Eu sinto que o movimento negro olhou com interesse no sentido de ver aqueles jovens que estavam falando para centenas, milhares de pessoas o que eles estavam discutindo em reuniões em lugares fechados. Então, eu acho que isso chamou a atenção do movimento negro, tanto que nós, enquanto rappers e enquanto toda a movimentação cultural Hip Hop, ainda não nos entendíamos como movimento negro. A gente se entendia apenas como um movimento de expressão artística. (Sharylaine, 2022)

Para responder ao novo desafio trazido pelos *rappers*, alinhado ao contexto de surgimento e os objetivos de atuação de Geledés – o enfrentamento ao racismo e a promoção dos direitos humanos da população negra –, a organização começou a refletir sobre a necessidade de construção de um projeto e, para isso, chamou um encontro de aprofundamento para que os *hip-hoppers* protagonizassem a concepção do que seria essa iniciativa.

Eu acho que para nós do Geledés, o Projeto se insere neste processo de redemocratização do país. Nós estamos falando de 1992, Geledés é de 1988, então, são quatro anos após a criação do Geledés que a gente assume essa proposta, mas assim, ela só é possível porque o próprio Geledés, como eu costumo dizer, é uma organização filha direta do processo de redemocratização do Brasil que permitiu que esses protagonismos estivessem em torno do processo constituinte, né? Que estiveram fazendo a sua incidência dentro para ver seus interesses representados na Constituição Cidadã de 1988. Geledés é parte desse processo, né? Dos desejos democráticos, dos anseios, das expectativas e dos desafios de construir igualdade de gênero e de raça neste país, desafios que são persistentes até hoje.

É um contexto de muita confiança na democracia, um contexto de muita esperança, né? De que tudo que se estava fazendo iria desembocar em proposições e efetivação de novos direitos, de novas políticas públicas. Então, o empenho em criar experiências modelo estava muito vinculado ao que essas experiências poderiam aportar, né? Ao desenho de políticas públicas, a proposições que pudessem ser escaladas de tal forma que alcançassem um número significativo da nossa gente. Eu acho que faz parte dos sonhos daquele momento, a demanda era uma demanda muito complexa, cheia de desafios e riscos, mas ao mesmo tempo ela carregava confiança de que o momento permitia que a gente ousasse fazer algo como o que foi feito e o resultado do projeto.

Então, propusemos um encontro para a gente aprofundar o diálogo e que desse diálogo pudesse emergir alguma proposta que atendesse minimamente a demanda que estava sendo colocada. Essa proposta resultou em um seminário, o seminário que se não me engano foi em Guararema, em um sítio, estiveram várias pessoas, muitos jovens, e nós levamos veteranas do Geledés e companheiros do movimento negro para nos ajudar nessa tarefa. Foi a primeira experiência exitosa daquilo que viria a ser o Projeto Rappers. Se eu bem me lembro, o Projeto Rappers nasce ali, naquele momento, daquele seminário e depois de todo o desafio de estruturar toda uma proposta. (Sueli Carneiro, 2022)

Para o Seminário de Guararema, os jovens que estavam em diálogo com Geledés Instituto da Mulher Negra tiveram o papel de fazer uma mobilização entre pares, considerando a importância de garantir a participação de mulheres, a fim de estruturar quais seriam os próximos passos desta parceria entre a juventude negra e a organização do movimento de mulheres negras.

Nós tivemos o primeiro bate-papo geral que eu me lembro muito bem, estava eu, Clodoaldo, a Laine, a Chris e o Duda, se eu não estou enganado, nós tivemos um bate-papo do que poderia ser o Projeto Rappers, que era legal primeiro ter um convite, convidar as pessoas, aí nós tivemos a ideia de ter um seminário e para esse seminário a gente aumentou um pouco esse convite, teve o convite ao DMN, aí teve um convite ao Força Negra Radical, ao pessoal do Conceito de Rua, nós tivemos várias pessoas que nós convidamos, Os Metralhas também foram convidados, todos esses rappers que nós tínhamos o contato, que eram jovens, adolescentes, todos esses contatos que nós tínhamos com as pessoas pretas e aí para ter um seminário do seminário, aí sim teve a grande ideia do Projeto Rappers que virou revista, enfim, tiveram várias coisas que aconteceram aí com o apoio do Geledés e o Projeto Rappers tomou a proporção toda que ele tomou. (Max, 2022)

Esta experiência de contato entre Geledés e os *hip-hoppers* impulsionou um processo de diálogo intergeracional entre militantes mais velhos do movimento negro e a juventude negra e periférica. Esse espaço foi fundamental para criar uma identificação histórica da nova geração com as lutas e resistências no enfrentamento ao racismo no país; para conhecer a história e características da música negra que antecede o *rap*; e para posicionar suas práticas culturais como pertencentes à identidade negra e às matrizes afro-diaspóricas.

O PROJETO RAPPERS

O embrião do Projeto Rappers foi um seminário realizado em Guararema, no ano de 1992. Durante o período de três dias, com uma intensa programação de palestras, debates e apresentações culturais, foi estabelecido um diálogo intenso entre lideranças do movimento de mulheres negras, do movimento negro e do movimento Hip Hop.

Figura 3: DJ L Play (Luiz Paulo, DJ da Sharylaine) no Sítio de Guararema, onde ocorreu o Seminário, em 1992. Fonte: Arquivo Sharylaine.

[...] Estavam lá alguns militantes, como Rafael Pinto, meu pai Arruda e as coordenadoras do Geledés e tal. Então, lá a gente soube como é que o movimento negro no Brasil estava se desenvolvendo, estava amadurecendo. Isso foi em 1992 e vamos lembrar que o movimento negro contemporâneo, né, como a gente conhece hoje, começa em 78 com a fundação do MNU. Eles estavam aí há 14 anos na luta, e embora fosse uma trajetória que tinha que ser respeitada, também era nova e estava no pós-redemocratização. O Geledés só tinha 4 anos de idade em 92 também. Então, nós tínhamos uma demanda que era a gente nunca ouvir falar de vocês. Vocês não vão na quebrada, o movimento negro não fala com a juventude, movimento negro não fala com a favela e não sei o que e não sei o que.

Foi possível para nós ouvirmos o outro lado, né? Dizer como é que "a gente não fala na favela se vocês estão cantando sobre Malcolm-X? Onde vocês aprenderam sobre Malcolm-X? Na Globo? Não foi. No Silvio Santos? Não foi. Como a gente não vai na favela e não fala com a juventude se vocês estão enaltecendo Zumbi? Quem foi que manteve Zumbi vivo dentro da discussão, como é que teve o 20 de novembro não sei o que não sei o que?".

Então, a gente teve essa troca e a interação com o movimento negro passa a ser, não que ela fosse desrespeitosa antes, mas era um respeito acintoso e ele passa a ser um respeito mais contemplativo, mais do "vamos ouvir esses caras? Porque é verdade, eles estão aí na estrada já faz uma cota e a gente tá chegando agora achando que a gente tirou dos clipes do MTV Raps e não foi, a gente tirou deles, a gente é que não viu". Então passa a ser mais contemplativo, mais de troca do que de dedão "ah é vocês que não fazem e tal", acho que a interação ficou mais madura a partir de Guararema. E acho que do restante do Hip Hop com o restante do movimento negro que não estava lá com influência do Projeto Rappers passa a ser também, depois você tem outros coletivos de Hip Hop que criam parcerias com outras organizações de movimento negro, mas acho que esse exemplo a gente deu e ele ficou. (Clodoaldo, 2022)

O evento de Guararema, como podemos observar na fala de Clodoaldo Arruda, foi um espaço crucial para que a juventude do Hip Hop se compreendesse como parte e continuidade de um processo pelo qual vinham lutando historicamente os movimentos negros no Brasil. Nesse contexto, a relação entre movimento negro e Movimento Hip Hop se consolida. Durante o encontro, pensaram as diretrizes de um novo projeto que teria como objetivo criar um espaço de encontros, intercâmbios e formação da juventude do movimento Hip Hop e que receberia ativistas, políticos, intelectuais e artistas dos movimentos negro, feminista e de direitos humanos. Como resultado, temos a casa do Projeto Rappers e um veículo de comunicação, a revista *Pode Crê!*

A gente a partir daquele seminário em Guararema, que vem uma série de demandas, que muita gente trazia e era um exercício de reflexão, porque os jovens nunca tiveram, aqueles jovens de periferia, nunca tiveram oportunidade de se reunir em algum lugar pra discutir alguma coisa, muito pelo contrário. Então o acolhimento, eles foram recebidos, eles poderiam falar, eles poderiam discutir, eles poderiam procurar compreender os caminhos que poderiam ser feitos. Então eu acho que aquele seminário de Guararema foi o grande pontapé pro Projeto Rappers em São Paulo, que foi um projeto único aqui no Brasil. (Deise Benedito, 2022)

Figura 4: Seminário no Sítio de Guararema, em 1992.
Fonte: Arquivo Sharylaine.

O grupo volta de Guararema com esse nome: "Projeto Rappers", com iniciativas planejadas envolvendo:

> *Rappers e uma entidade de feminismo negro que nasce dentro desse contexto e após essa história, depois que um de nós morreu [Marcelo], depois que vários de nós apanharam e a gente, sem ter para onde recorrer, encontrou aí dentro do feminismo negro um alento e ao mesmo tempo um acolhimento e ao mesmo tempo propostas e estruturas para desenvolver vários projetos aí. (Clodoaldo, 2022)*

Figura 5: Seminário no Sítio de Guararema, em 1992.
Fonte: Arquivo Sharylaine.

Como aponta Deise Benedito, naquele contexto de extrema violência, onde havia uma onda de assassinatos e os órgãos de segurança pública agiam com grande truculência – lembrando que o Projeto Rappers surge meses antes do massacre do Carandiru –, não havia oportunidades que possibilitassem aos jovens negros se reunirem para compartilhar suas expectativas, ideias, planos e experiências. A juventude negra e periférica não era vista como jovem em sua situação peculiar de desenvolvimento, mas como potencial criminosa. Neste sentido, a abertura de Geledés para construir um projeto a partir das perspectivas desse segmento social, historicamente silenciado e criminalizado, foi extremamente inovadora.

Figura 6: Integrantes do Projeto Rappers na sede de Geledés, situada na Praça Carlos Gomes - SP. Fonte: Arquivo de Geledés Instituto da Mulher Negra. Da esquerda para a direita: Solimar Carneiro, Sharylaine e King Nino Brown, em 1994. Fonte: Arquivo de Sharylaine.

A gente tem a criação do Projeto Rappers com uma proposta inovadora de formação, de construção, de fortalecimento desse movimento Hip Hop a partir da discussão política, a partir de leitura, a partir de discussão, que era pra municiar ainda mais esses meninos nas letras que eles faziam. O que eles estavam fazendo estava muito bom, mas eles poderiam estar fazendo muito melhor, eles tinham potencial para isso. Então, o projeto rappers teve, como é, a questão de potencializar. (Deise Benedito, 2022)

Em março de 1992 o Projeto Rappers se consolida e estabelece como atividade inicial um Curso Permanente de Formação que acontecia todos os sábados e contava com a colaboração de ativistas de vários movimentos sociais (negro, feminista, direitos humanos, criança e adolescente, sindicais), artistas de diversas áreas (música, dramaturgia, literatura, dança, artes plásticas) e intelectuais de praticamente todas as ciências humanas (filosofia, sociologia, antropologia, psicologia, comunicação). Sempre aberto ao público, a grande adesão ao curso exigiu que, em pouco tempo, o Projeto Rappers obtivesse sede própria.

Figura 7: Curso sobre História da Música Negra, ministrado por KK dos Santos, em 1992.
Fonte: Arquivo de Geledés Instituto da Mulher Negra.

PROJETO RAPPER'S

cismo do Geledés - Instituto da Mulher Negra, que tem promovido cursos específicos e de especialização para os grupos do projeto e visitantes.

Toda essa movimentação começou há dois anos. Nos meses de setembro e outubro do ano passado, por exemplo, foram realizados vários cursos. O economista Hélio Santos, professor da Puc/Campinas e militante do movimento negro, abordou o tema "O negro no mercado de trabalho". O tema dos Direitos Autorais foi tratado pelo advogado Sergio Moreira da Costa, responsável pelo atendimento jurídico do SOS Racismo. O professor e escritor Edson Lopes Cardoso, do Movimento Negro Unificado de Brasília, realizou uma oficina sobre as diferenças entre racismo, preconceito e discriminação racial. E neste ano, reiniciando as atividades, a professora Nilma Lino Gomes, da Universidade Federal de Minas Gerais, ministrou o seminário "Os jovens rappers e a educação formal - qual é o papel da escola?". A proposta do Projeto Rappers é desenvolver trabalhos de

Uma coisa é certa. Já não podemos dizer que os rappers não têm um teto. É, e o melhor! Bem no miolo do bairro da Liberdade, em pleno centrão da cidade de São Paulo é onde se localiza o **Projeto Rappers** que é um espaço aberto a rappers e visitantes para discussões, encontros, aprendizado, reuniões e tudo o que se imaginar, sempre de forma criativa e educativa. Tudo isso voltado para o trabalho que os rappers realizam. O **Projeto Rappers** vem proporcionando uma oportunidade única, dando liberdade de movimentação rapper e está sendo desenvolvido pelo *Programa de Direitos Humanos/SOS Ra-*

conscientização, formação política e capacitação profissional e musical. Também são desenvolvidos grupos de auto-ajuda - voltados para a compreensão e superação dos problemas psicológicos gerados pelo racismo. Serão desenvolvidas também oficinas de sexualidade e saúde e oficinas musicais, além de, a médio prazo, pretende-se a instalação de um estúdio.

O **Projeto Rappers** é resultado de um seminário realizado em fevereiro de 1992, que envolveu dez bandas de rap, num total de 35 jovens. Durante esse seminário foram discutidos temas como Identidade e Conscientização, O Papel do Rapper e Direitos e Garantias Individuais. Como resultado dessas discussões surgiu a proposta da realização de um vídeo e uma cartilha, ambos de nome Pode Crê!, como veículos para a divulgação das propostas do Projeto e subsídio de trabalho das bandas.

O **Projeto Rappers** é aberto aos grupos de rap e a todos os jovens. Para maiores informações sobre as atividades que serão desenvolvidas no decorrer do ano, os interessados devem ligar para **(011) 279-1942.**

Integrantes das bandas que fazem parte do Projeto Rappers do Geledés

Figura 8: Matéria sobre a Casa do Projeto Rappers.
Fonte: Revista Pode Crê!, n. 1, 1993.

Geledés Instituto da Mulher Negra aluga uma casa na Rua Fagundes, no bairro da Liberdade, onde esses jovens vão se encontrar, fazer intercâmbio de ideias e de suas produções artístico-culturais e políticas, participar de percursos formativos com lideranças políticas, intelectuais e artísticas, acessar materiais sobre o que vinha sendo produzido no âmbito da cultura Hip Hop, em nível nacional e internacional, e da luta antirracista, planejar ações organizadas de ocupação do espaço público e de realização de atividades culturais. A Casa do Projeto Rappers é a experiência que dá início ao que viria a ser as Casas de Hip Hop, ou seja, um local aberto para praticantes da cultura Hip Hop se expressarem e acessarem formas variadas de conhecimento. Neste espaço protagonizado pelos *hip-hoppers* acontecia o diálogo intergeracional e o intercâmbio da juventude com diferentes movimentos e segmentos culturais da sociedade, onde realizaram atividades com Clóvis Moura, Ismael Ivo, Sueli Carneiro, Eva Blay, Camila Pitanga, Benedita da Silva, entre outros. Nomes que viriam a se consolidar no cenário artístico brasileiro passaram por formações nesse espaço, como Thaíde & DJ Hum, Xis, Sharylaine, Rúbia, DMN, Racionais MC's e Rappin Hood. Da Casa do Projeto Rappers, os participantes proliferavam suas atividades pela cidade, estado, país e mundo, porque a partir dessa organização realizavam atividades nas periferias de São Paulo, assim como viajavam para outros lugares do Brasil e do mundo para participar de redes e ações em defesa dos direitos humanos.

O centro de formação permanente que tinha lá na Rua Fagundes, na Liberdade, é um embrião do que hoje nós chamamos de Casa do Hip Hop, que por sua vez está espalhado por vários estados e cidades brasileiras. Mas essa tentativa de aproveitar-se do Hip Hop para, a partir da juventude que curte rap, formá-las em outros ramos da cultura e politizá-las através da formação com militantes e intelectuais, isso nasce no Projeto Rappers, lá na Rua Fagundes, e depois vêm as casas de Hip Hop. O Projeto Rappers formou gente que viu uma palestra nossa em alguma quebrada, em alguma escola. Gente que viu palestras no nosso centro permanente de formações, que a gente tinha todo sábado na Rua Fagundes, na Liberdade, e ouviu gente como Clóvis Moura, Ismael Ivo, Sueli Carneiro, Eva Blay, Camila Pitanga, Benedita da Silva, entre vários outros que passaram por lá, entre Eugênio Lima, entre várias pessoas que passaram pela Rua Fagundes para falar, palestrar, bater papo, ensinar. DJ Hum teve por lá, KL Jay teve por lá, o Brown teve por lá. (Clodoaldo, 2022)

Figura 9: Atriz Camila Pitanga ministrando curso de formação no Projeto Rappers, em 1993. Fonte: Centro de Documentação e Memória Institucional (CDMI) de Geledés Instituto da Mulher Negra.

Figura 10: Prof. Clóvis Moura ministrando curso de formação no Projeto Rappers, em 1993. Fonte: Centro de Documentação e Memória Institucional (CDMI) de Geledés Instituto da Mulher Negra.

Figura 11: Profa. Adriana Graciano, a "Teacher", que ministrou cursos de inglês no centro de formação no Projeto Rappers, em 1993. Fonte: Centro de Documentação e Memória Institucional (CDMI) de Geledés Instituto da Mulher Negra.

Figura 12: Dr. Sérgio Moreira, advogado de Geledés, que ministrou curso sobre direitos autorais e leitura de contratos no centro de formação no Projeto Rappers, em 1993. Fonte: Centro de Documentação e Memória Institucional (CDMI) de Geledés Instituto da Mulher Negra

[...] *a casa da Rua Fagundes tinha isso, porque tinha um espaço livre, um espaço leve, um espaço acolhedor. Pro cara que quisesse fazer uma música, sentava lá, fazia a letra dele, ou procurava um livro pra ler e lia. Se quisesse ouvir uma música, ouvia. Se tivesse alguma coisa pra comer, comia; se não tivesse, tava tudo certo. Quer dizer, sempre tinha alguém. Para alguém que fosse buscar alguma coisa, sempre tinha alguém. Então eu acho que isso, claro, com certeza teve uma influência muito grande na criação das Casas do Hip Hop, de jovens ir, frequentar, discutir, aprender.*

Eu acho que o projeto do Hip Hop foi uma das grandes iniciativas para a juventude negra nesse país, isso é indiscutível, não dá pra você falar. Nos anos 90, no processo de redemocratização, você ter a discussão do Hip Hop no Brasil com a juventude negra sendo que a gente sempre teve a protagonização de jovens brancos de classe média bem alimentados. Aí você ter no meio dessa redemocratização a juventude negra num processo de através da cultura se rebelar contra o racismo, isso foi extraordinário e é óbvio que esse processo na Casa Fagundes teve um papel fundamental, não só pra Casa do Hip Hop em Diadema, mas pra outras iniciativas também, em outros lugares, em outros bairros, em outros estados há necessidade desse espaço. (*Deise Benedito, 2022*)

Eu lembro que lá na Fagundes, era todo final de semana, formação em cima de formação, sabe assim? Aprendemos sobre tudo e todos, foi muito louco. Isso foi muito importante porque vinha gente de Guaianases, Guarulhos, do Maranhão, do Ceará para estar ali e participar, sentar no chão e ficar escutando. Isso foi pioneiro. Olha, tInha lá as outras organizações que faziam a formação de seus jovens, como o Partido dos Trabalhadores, mas igual a formação que nós tínhamos lá no Geledés, era bem diferente, era uma questão específica, nós tínhamos a especificidade da música do Hip Hop, tínhamos muita formação em questão de música, etc. e tal, mas a questão política, a questão racial, então, isso foi muito importante.

Eu não consigo mensurar a quantidade de pessoas que passaram por lá, mas eu sei que quase todo mundo de 40 para mais que curtia Hip Hop naquela época passou lá, pelo menos uma vez foi. Tem tanta gente que me para na rua e fala "Você ia lá né? Eu ia lá com o Carlos", era realmente muita gente, então, tem uma importância muito grande sim. (*Chris Lady Rap, 2022*)

Os encontros assim: com personalidades pretos e pretas que era muito distante da nossa realidade, ver aquelas pessoas próximas da gente. A amostra de breaking na São Bento foi muito significativa porque foi praticamente quando fazia uma década de ocupação daquele lugar, eu sinto que foi uma coroação, isso é uma das melhores lembranças que eu tenho é de fato a revista. Eu sou uma das poucas pessoas que tem todos os números da revista e ali foi meio que um ponta pé para gente pensar que não era só música, era visibilidade, mas era o que a gente pode produzir, as reuniões nossas numa mesa oval e aquela coisa de tipo a gente reunido numa mesa, pauta da revista e ali a gente tinha um jornalista e todos aqueles jovens, às vezes 10, às vezes um pouco mais ou um pouco menos, discutindo conteúdo e sem ter de fato um estudo para aquela ação, mas o engajamento dava conta disso, o conhecimento é que as pessoas chamam de orgânico que fez com que a revista nascesse, acontecesse e tivesse repercussão. (Sharylaine, 2022)

Ainda sobre o espaço da Rua Fagundes, que poderíamos chamar de primeira Casa do Hip Hop brasileira, DJ KL Jay e Xis apontam:

O Geledés era nosso ponto de encontro na época, né? A gente se encontrava para trocar informações, trocar ideias, trocar livros, falar sobre os livros, as leituras. Era um ponto de encontro, a Sueli Carneiro era tipo a chefe, né mano? E foi isso, dali começou a surgir todo um movimento, uma história de escrever as letras e de praticar, né, as coisas que Malcolm-X falava. Dali a gente despertou o interesse por ler, e a gente falava dos clipes. Aconteceu tudo ao mesmo tempo, né? Tinhas os vídeos do Public Enemy, tinha o livro do Malcolm-X que veio pro Brasil, alguém conseguiu e a gente se encontrava lá, e tinha a revista que eles faziam entrevista, fizeram entre-vista com a gente e com outros grupos também.

Eu posso dizer que foi um embrião assim, uma das sementes para tudo que tem hoje. A Sharylaine também frequentava lá, entende? Então sabe aquela história: Tim Maia, Erasmo Carlos, Roberto Carlos, Jorge Ben vieram tudo do mesmo bar ali? Entendeu, os caras se encontravam ali, então Geledés foi esse ponto de encontro pra muita coisa que tem hoje. (DJ KL Jay, 2022)

O impacto foi gigante. O Geledés adotou essa geração de MCs e Posses, parecia um sonho. Tinha uma época em que o Projeto Rappers possuía uma casa, uma base, era o nosso QG. E foi muito importante porque ficávamos lá, nos reuníamos neste local próximo ao Metrô São Joaquim. O Geledés fez uma frente incrível, realizou eventos com artistas do Projeto Rappers. No início dos anos 90, as pessoas não compreendiam direito e não aceitavam o Hip Hop. Então, essas ações do Geledés foram muito importantes. O evento na São Bento foi histórico! Tivemos, de certa forma, um embasamento enquanto artistas, como ativistas pretos. Foi através do Geledés que me senti preparado para fazer o "Rapensando a Educação" com a Secretária de Educação. Tinha mais preparo para responder, conversar. Essas pessoas, Solimar, Deise, Edna, Nilza, foram as nossas tutoras, nos ensinaram muito. Éramos jovens, ansiosos. Me lembro até hoje do Dr. Arruda dizendo: "Como vocês vão lidar com a violência policial?" E todo mundo falando que a gente precisava se armar pra enfrentar a polícia. Ele respondeu que não, disse que era preciso entrar para a polícia, estando lá dentro que vão conseguir mudar esta situação. Tivemos encontro com Benedita da Silva e Camila Pitanga, fomos recebidos pelo Mário Covas. Foi tudo muito importante, essas pessoas foram nossas tutoras e professoras, nos guiaram dizendo; ó, observe isso, leia aquilo. (Xis, 2022)

As abordagens dos participantes do projeto dão dimensão do significado social, cultural e político da Casa do Projeto Rappers. Além de formação, o espaço também disponibilizava as produções artísticas e internacionais da cultura Hip Hop, como vinil, CDs e DVDs e filmes de cineastas negros, configurando-se como um território de atualização sobre o que acontecia no Hip Hop em nível mundial e possibilitava o contato com livros e revistas que os ajudavam a fazer uma releitura da história negra no Brasil e na diáspora, incluindo o continente africano, e de referências da luta antirracista.

Eu acho que os momentos mais incríveis que eu, pessoalmente, tive no Projeto Rappers era quando chegavam as encomendas de discos internacionais que a gente fazia, era como se fosse um (acaso), né? Era uma coisa que TODO MUNDO se unia numa mesma vibração, todo mundo que curtia música, né? Chegava um disco que uma turma gostava, chegava um outro que outra turma gostava e aí a gente ouvia todos, né? Até a exaustão [...] e eu sempre conto essa história de como é receber a caixa cheia de CD, né? A gente encomendava e vinha, cada um tinha o seu pessoal, né? E tinha uma que era do projeto e aí era uma loucura, assim, isso é uma memória muito afetiva que eu tenho e que era abrir as caixas de CD e ficar curtindo, aprendendo e aí conhecendo, né? (KK, 2022)

Ele nasce em um contexto onde o jovem negro já sabia do seu espaço, tinha consciência e ele precisava de orientação dentro da bagagem dos direitos do negro, né? Do povo, da juventude negra ter a voz ativa. Eu, falando por mim, quando surge o Projeto Rappers, ele tira uma escama dos meus olhos e "olha, você tem uma lei que te direciona e garante que você tem acesso à cultura, ao lazer, à educação, à economia, ao contexto dos direitos" e para mim, minha concepção de conhecer os meus direitos enquanto lei, legal.

O Projeto Rappers veio para nos dar essa informação, para mim, né? Porque eu não tive isso, eu vim de uma família muito simples que também não sabia que existia uma Constituição, o ECA, que existia direitos e deveres, e direitos que nós estávamos sendo feridos. Para mim foi isso, tinha toda vontade, mas a gente precisava de ter direcionamento, precisava de ter firmeza, precisa de pessoas para ajudar a gente a caminhar, a estruturar a casa, sabe? A gente estava muito no calor, na vontade, mas continuava morrendo negro, continuava apanhando, a gente continuava fazendo e continuava apanhando, continuava sendo morto. Quantos não morreram dentro do trem? Quantos não morreram? Quantos não apanharam? Quantos não ficaram deficientes? Quantos não perderam perna por conta da violência? Por conta da violência física da polícia mesmo porque não sabia dos direitos e aí o Geledés junto com o Projeto Rappers veio para nos dar clareza: "Olha, galera, vocês têm direitos. Vamos pra cima, vocês podem falar, vocês podem protestar, vocês podem reivindicar, vocês podem ir pra cima" porque eu não tinha essa consciência na época, né? Eu não tinha esse conhecimento, não era nem consciência, era o conhecimento em si. (MC Regina, 2022)

Quando eu entrava no Geledés, eu via mulheres lindas, poderosas, interessantes, né? Eu lembro dos homens caminhando, a roupa, a vestimenta, postura corporal e aí quando a gente sentava para conversar com esses mentores do Projeto Rappers, eles falavam os seus títulos, né? "Ah eu estudei não sei aonde", "Sou juiz", "Sou advogada" e eu pensava "Cara, é possível, eu posso chegar nesse lugar também", eles me inspiravam muito com os negros que eles eram e eu não tinha acesso a isso em outros lugares, isso me chamou muita ateção, eles falavam um português diferenciado, bonito. (Tina, 2022)

No início do Projeto Rappers, havia a participação do Sindicato Negro, região central, da Aliança Negra Posse, zona leste, da Força Ativa, na época zona norte, mas hoje é da zona leste, do Conceitos de Rua e da Rituais Democráticos de Rua Negro (RDRN), ambos da zona sul. Ao longo do projeto se formam alguns grupos e organizações, como o Conexão Break *Rap*, que era da posse Aliança Negra; Defensores do Movimento Negro (DMN), Sharylaine e The Forces MCs – que depois virou Pensadores Negros –, da zona leste; o Força Negra Radical (FNR), da zona norte; e Personalidade Negra, Lady Rap e Face Original, da zona sul. Havia mais representação e engajamento da zona leste e da zona sul nesse processo porque as produções culturais sempre foram mais fortes nessas regiões. Havia aproximadamente 13 bandas que depois vieram participar do projeto.

> *O Projeto Rappers chegou a ter 27 bandas oficialmente, Potencial 3 entrou, o Face Negra entrou, bandas femininas outras entraram, a Rose MC, a Luna, a Dani Dieis que tinha o grupo Símbolo Negro, chegou um momento que tinham oficialmente 27 e extraoficialmente o Dexter sempre pintava por lá, Thaide sempre tava por lá, o Brown sempre tava por lá. (Clodoaldo, 2022)*

Como apontam Sharylaine e Clodoaldo, esses grupos tinham grande capacidade de realizar mobilizações pela cidade:

> *Nessa movimentação, dessas 13 bandas, você tinha uma movimentação de pelo menos 70 jovens porque você tinha bandas que tinha 8, que tinha 4, outras 5, essa movimentação deu mais ou menos por isso. Evento 7 mil pessoas, a gente conseguia mobilizar as pessoas, fosse para fazer um evento, uma festa, né? Fosse para fazer uma passeata ou uma marcha de 20 de novembro, era uma juventude que estava se engajando a partir do Projeto Rappers. (Sharylaine, 2022)*

Alguns fundadores do Projeto Rappers trabalhavam de forma remunerada para garantir o funcionamento da iniciativa. Neste período, considerando as condições institucionais das organizações da sociedade civil, as pessoas que atuavam em espaços como Geledés Instituto da Mulher Negra não costumavam ser registradas em regime CLT. No entanto, no caso do Projeto Rappers, devido à violência enfrentada pelos jovens negros, o registro em carteira era uma forma de amenizar a ação truculenta das polícias. Para alguns dos participantes, isso significou o primeiro registro trabalhista da sua trajetória profissional.

> *A equipe fixa tinha carteira assinada e era por conta da violência policial. O Projeto tinha majoritariamente homens e a gente sabe que uma carteira assinada faz a diferença, a gente foi muito bem orientado pelos advogados da organização, e trouxe uma demanda trabalhista para gente que foi uma beleza, não era uma coisa, né? Todo mundo era autônomo na organização, o único núcleo registrado na organização eram os integrantes do Projeto Rappers e da contabilidade, então, nos trouxe essa demanda, não dava para deixar esse povo solto falando em nome da organização e não ter nenhuma garantia, acho que isso foi um benefício que eles trouxeram para a organização. (Solimar, 2022)*

O projeto nos fez assumir algo que era impensável, como registrar todos os jovens que estavam no projeto porque nós considerávamos que a carteira assinada era para esses jovens tipo um salvo conduto, especialmente na abordagem policial. Isso foi um ônus extraordinário para a organização que nós assumimos, né? Com a responsabilidade que a situação exigia de nós e isso foi o que me foi dado fazer e quero crer que não pipoquei ((risadas)). (Sueli Carneiro, 2022)

Inclusive, uma coisa que é muito bacana e eu quero deixar registrado, é que eu tenho a minha carteira de trabalho registrada com assinatura de Sueli Carneiro, de Solimar Carneiro, como Agente Cultural, porque eu passei a ser funcionário do Geledés. O Geledés para mim, além do Projeto Rappers, me colocou na vida profissional como um todo. (Xis, 2022)

Do início, eu lembro que na verdade eu fui registrado, eu trabalhei no Geledés, eles deram muito suporte. Minha data de admissão foi 04 de maio de 1992, remuneração de 345.000 cruzeiros por mês e a profissão era de agente cultural e aí eu fiquei lá até 13 de julho de 1993, foi 1 ano. É 92 na minha carteira de trabalho, mas eu já frequentava o Geledés desde antes. (Max, 2022)

Além da casa do Projeto Rappers, esta iniciativa organizava a ocupação das ruas pelos *hip-hoppers*, levando-os a conversar com o Estado em nível municipal, estadual e federal; a fazer grandes eventos com estrutura nos espaços públicos, como a I Mostra Nacional do Hip Hop na São Bento; a alugar e passar filmes de cineastas negros em grandes espaços de cinema do centro da cidade – já que as salas comerciais não queriam passar –; a fazer intervenções em bailes sobre o que discutiam nos espaços de organização; e a dialogar com órgãos de segurança pública para que as forças policiais ouvissem a experiência de jovens negros e periféricos. Sobre o trabalho com as salas de cinema, Clodoaldo e Tina apontam:

A desculpa eram as três horas e pouco de duração e que pro cinema era raro filmes longos com esse tanto de duração, mas nós sabemos qual era a motivação, a motivação era clara, era que Malcolm-X era um filme que ia mexer com o brio, mexer com espírito, mexer com autoestima da juventude negra que era um público-alvo do filme e no Brasil não se podia ter esse tanto de jovem preto já ouvindo Racionais e DMN com Malcolm-X na cabeça, mas nós passamos, assim como passamos Boyz In the Hood, obras do Spike Lee [...] E aí o cinema negro norte-americano urbano, do John Singleton, do Spike Lee, dos Hughes Brothers, começam a passar em cinemas comerciais no Brasil e entrar em cartaz depois que o Projeto Rappers na marra pegou lá a fitinha e passou o filme nos cinemas do centro, eu lembro que a gente passou ali no cine Ipiranga, se eu não me engano, que era uma grande sala na época, não existia Cinemark, viu jovens! Você tinha que ir no centro para assistir cinema e nós pegamos uma das salas mais prestigiadas na época e nós passamos os filmes que as distribuidoras nacionais não queriam passar, não queria que você assistisse.

O nosso público naquela época era formado majoritariamente por office boy, prestador de serviço, atendente, cabeleireiro, secretária, recepcionista e esse público trabalhava no centro, então isso tinha que acontecer no centro e digo mais hein... gratuito, gratuito, entendeu? São marcos que são importantes e hoje ninguém lembra, mas se você hoje vai ao cinema para assistir o seu bom Spike Lee é porque o Projeto Rappers bancou, literalmente bancou e passou Spike Lee de graça quando ninguém queria passar nem pagando, nem cobrando, essas coisas me vem à memória e é importante a gente lembrar e registrar. (Clodoaldo, 2022)

Eu fiquei cerca de 4 a 5 anos no Projeto Rappers, entre 91 e 95, lembro que um dos meus papéis era ir nos bailes e no intervalo entre um show e outro eu era chamada no palco sempre com um parceiro, eu pegava no microfone, eu me sentia naquele microfone porque eu não era da música e aí eu podia falar para aqueles jovens que estavam dançando, suados, naquele momento de lazer, mas ali eu falava sobre questões de consciência racial, falava sobre a nossa história, sobre valores, então, era muito, era como se fosse todos os dias um seminário na escola assim quando a gente ia para esses bailes, era muito interessante. (Tina, 2022)

O contato com Geledés possibilitou a essa geração do Hip Hop se reconhecer como protagonista na história, como continuidade de um percurso e legado da resistência negra, assim como conhecer os direitos e estabelecer diálogos institucionais. Identificar quais são os grupos e instituições envolvidas nos processos que afetam suas vidas, suas existências e naquilo que querem construir, conhecer a legislação e os meios legais por onde podem atuar, realizar pontes e diálogo institucional, consolidar e dar forma a propostas, firmar parcerias e implementar projetos de forma organizada, constituiu o percurso formativo desses jovens. Como apontam:

[...] a partir do trabalho do Geledés a gente começa a fazer interlocução com partidos e organismos públicos, principalmente, é o Projeto Rappers quem ensina o Hip Hop a fazer ofício, fazer projeto, é o Projeto Rappers, isso não existia no Hip Hop.

O Projeto Rappers conseguiu conversar com o metrô para que a gente realizasse uma ação lá num lugar que meu, eles não queriam deixar fazer a ocupação, então, é isso, a coisa de você conversar politicamente com pessoas da política, o engajamento dentro da política e não a política de candidatura, mas pensar política, a política que você pode fazer para mudar estruturas e aí com projetos de lei e enfim. (Clodoaldo, 2022)

Olha, eu aprendi a mexer no computador. Porque eu fiz curso de computação, mas eram uns computadores gigantes, com disquetes que eram quadradinhos assim, flexível e tal, aí a melhor tecnologia que eu tive contato ali na década de 90 foi no Geledés, com internet, fazer o meu e-mail, ter o meu e-mail. Hoje parece uma coisa muito natural, até uma criança de 10 anos já faz um e-mail, mas é isso né? Essa escrever melhor, e aí eu tô falando de texto, de proposta. Reunião, né? Reunião... as pessoas falando, esperar sua vez, ouvir, anotar, parece uma coisa boba, mas é muito importante quando está produzindo coisas. Ouvir o outro, discutir, quebrar o pau e depois ir tomar uma, né? Isso é uma coisa que a gente também aprendeu no processo e ter responsabilidade. Responsabilidade com as escolhas, os atos, o primeiro lugar que eu ouvi falar sobre paternidade responsável, né? Que eu acho que tinha que ser uma disciplina na escola comum né, enfim tem muita coisa que eu aprendi com Geledés para minha vida pessoal e para minha vida profissional também porque eu saí dialogando, como eu disse, fui discutir sem ter estudado ou feito uma tese sobre a inclusão dos jovens na universidade.

Então assim eu consegui ter uma base. Porque eu lembro de Geledés agendar na Faculdade São Marcos e eu com outras pessoas irmos para discutir, para falar da gente, para falar do que a gente fazia e aquilo já foi meio que um exercício. Então, tipo hoje eu falo olhando para câmera como se eu tivesse falando com uma pessoa, que é esse processo de aprendizagem que a

gente passou. Então vida pessoal, vida profissional, a minha vida como ativista cultural, social e política. Esse foi um caminho de exercício para engajamento ... Eu fui para a campanha eleitoral da Benedita da Silva. E ali tinham intelectuais de todas as áreas né, ver isso lá em 90, assim, ver toda aquela intelectualidade negra que era uma coisa que, tipo isso não existe, isso poderia existir nos filmes americanos, mas tipo no Brasil? Não existe porque eu não conheço, aí você ter essa possibilidade de ver que tem pensadores, pensadores é que são próximos de você, são homens e mulheres pretos e pretas. (Sharylaine, 2022)

Eu lembro das aulas com o pai do Clodoaldo, o Sr. Arruda, de como reagir a uma abordagem policial, lembro das aulas da mulher negra, de música. Estar no Geledés era esse momento de formação mesmo. (Kall do Vale, 2022)

O Projeto Rappers foi o primeiro que chamou uma conversa entre o movimento Hip Hop e o comando da polícia militar e da secretaria de segurança pública de São Paulo. Foi a primeira vez que os grandões lá ouviram de nós o que é que os seus cadetes e soldados estavam fazendo nas ruas com jovens que só queriam fazer música e, sim, toda essa repressão continua, então, você que está me assistindo vai dizer "Ah Arruda, mudou o que?" mudou que hoje a mídia cobre, denuncia, o ministério público toma conhecimento e toma providências, e hoje embora debaixo de repressão, graças a essa movimentação que o Projeto Rappers puxou e que conseguiu chamar atenção da mídia e de organismos como o ministério público, por exemplo, as batalhas continuam acontecendo, elas têm conseguido liminares, conseguido licenças, conversar com o poder público para que eles continuem fazendo as batalhas pelas praças do Brasil, então, ainda que reprimidas, a repressão não é aquela coisa que ficava no máximo relegada à página policial, no cantinho da página policial do jornal ou só naquele jornal sensacionalista que descia o pau na gente, não, hoje a mídia hegemônica e liberal cobre os nossos eventos, cobre os nosso protestos e quando a coisa passa do ponto é imediatamente denunciado por esses organismos de forma que os organismos judiciais podem tomar as devidas providências. Isso não acontecia, tudo que acontecia para nós era tiro, porrada e bomba, literalmente, muito tiro e bomba até. (Clodoaldo, 2022)

Foi muito bacana, por exemplo, na época a gente poder dentro das nossas várias ações, a gente poder destacar jovens para irem para o Núcleo de Consciência Negra na USP, para fazer cursinho, para entrar na universidade, jovens que conseguiram entender, por exemplo, que tinha que ter uma atuação dentro das forças policiais de São Paulo, então tenho vários amigos daquela época que se tornaram policiais e que levaram essa visão que captaram dentro do Projeto Rappers para esses outros espaços, a questão da gente conseguir fazer com que vários cabeças florescessem para entender que a vida pública no sentido de fazer política também era um caminho muito importante a se seguir. (Markão, 2022)

Um grande exemplo desse aprendizado foi a I Mostra Nacional do Hip Hop na São Bento, já citada anteriormente, espaço de onde foram expulsos pelos órgãos de segurança pública. A mostra, ocorrida em 13 de março de 1993, foi realizada pelo Projeto Rappers de Geledés Instituto da Mulher Negra, em parceria com a São Bento Força Break e o Programa de Ação Cultural do Metrô. Para a sua realização, os jovens do Hip Hop tiveram que estabelecer um diálogo institucional com a Companhia do Metropolitano de São Paulo – Metrô, explicitando quem eles eram; qual a importância daquele espaço para a juventude negra e periférica *hip-hopper*; a relação violenta de expulsão que vinha sendo estabelecida naquele período; e a importância de que esse espaço, berço da cultura Hip Hop, estivesse aberto para este segmento.

Aqui também os jovens começavam a se organizar pra ter seu aparato pra poder fazer não só denunciar, mas também fazer proposta. Essa que era a questão, a oportunidade de fazer a denúncia, mas apresentar proposta, o que representava nos bairros mais pobres abrir as escolas de final de semana e os meninos fazer discotecagem pelo menos, aprender em oficinas de Hip Hop, aprender em oficinas de letra, aprender a fazer discotecagem [...] (palavrão)! Tudo isso foi abrindo as mentes de muitos meninos que não tinham outra alternativa, ou vai pras drogas, ou vai pro tráfico ou então vai morrer, porque se você é preto andando na noite, na hora errada, na rua errada você vai morrer porque você é um inimigo em potencial. Então eu acredito que a incidência foi que a partir do momento que os meninos passaram a ter as oficinas, começaram a discutir os textos, ler livros, começaram aquela febre que todo mundo queria ler Malcolm-X, começaram aquela febre que queriam ler Steve Biko, tudo isso foi porque politizar esses jovens atores e atrizes que faziam o Hip Hop para além da letra que era a conscientização dos direitos e, assim, era uma ocupação, o movimento Hip Hop fez uma ocupação quando acaba o índice de morte nos bailes, quando traz uma nova cultura, quando traz uma discussão, quando traz um novo pensar. Eu acho que isso foi extraordinário. (Deise Benedito, 2022).

A partir dessa interação eu comecei a entender que em qualquer lugar que eu pudesse ir, eu tinha que ser ouvido, que a minha capacidade de leitura do mundo, de interação com a sociedade e de pensar esse povo preto em movimento pelos vários setores da sociedade, que tudo que eu pudesse falar tinha cabimento e que as pessoas tinham que me ouvir e me respeitar, aceitar não necessariamente, mas tinham que me ouvir e me respeitar. Então isso fortaleceu muito para a gente poder até dialogar fortemente dentro dos partidos políticos, fortemente com os vereadores. Tinha uma coisa muito estabelecida, muito forte que era o discurso do rap que já estava bombando no início dos anos 90 e tinha muita essa coisa de que só porque era rap muitas portas de partido político e de entidade se abriam. Agora tinha por outro lado, esses eram os meninos e meninas que vão chamar o público e os vereadores, militantes, caciques do partidos que falavam na hora de abrir o microfone para falar com a população, eram eles que mandavam o recado. A gente tentou começar a mudar essa lógica a partir dessa nossa visão de que a gente tinha condição de interferir no rumo da sociedade. A gente começou a sair do Projeto Rappers e dialogar nesses outros espaços com a perspectiva de "eu não sou mais animador de festa, eu vim aqui para ter o mesmo direito de fala, ter o mesmo direito de interferência junto à população, igual vocês que estão tocando o partido aí e estão fazendo políticas que se dizem voltadas para a população preta". (Markão, 2022)

Figura 13: I Mostra Nacional do Hip Hop na São Bento, em 1993. Fonte: Hip Hop Cultura de Rua.

Esse processo de empoderamento sobre sua história e agência política, que leva os participantes a acreditar que seria possível dialogar com diferentes campos da sociedade, dá início à institucionalidade do Hip Hop. Geledés Instituto da Mulher Negra foi uma das primeiras instituições com quem os *hip-hoppers* estabeleceram ações em conjunto, ponto a partir do qual passam a expandir as iniciativas com outras organizações da sociedade civil, instituições presentes em suas comunidades, o Estado e organizações internacionais.

> *As Posses começaram a fazer esse trabalho social de bater na porta dos colégios e escolas estaduais e municipais, falar com a direção, coordenadoria pedagógica, para entrar na escola no fim de semana porque a escola ficava fechada no fim de semana, entrar na escola e poder realizar uma ação, qual era a ação? Campanha do agasalho, uns cantam, dançam, grafitam, tocam; campanha contra fome, doação de alimentos, aí ia para ali para favela mais próxima daquele lugar e/ou quando você atendia essa favela você ia para outra favela para atender também aquela favela. As Posses tinham um papel político, embora negasse porque política nunca foi bom, não é verdade? Venderam essa história pra gente, tinham esse papel político sem saber, sem admitir, né? E o papel social, cada um ali na sua quebrada. (Clodoaldo, 2022)*

Dessa forma, embora o espaço de referência e troca seja o centro, onde se localizava a Casa do Projeto Rappers, as pessoas participantes integravam Posses e organizações nos seus territórios, tendo um compromisso político com as suas comunidades. Isto significa que, como abordado ao longo do texto, os *hip-hoppers* realizavam palestras e oficinas em escolas e universidades, públicas ou privadas, centros comunitários, ONGs/movimentos parceiros ou equipamentos públicos diversos. Também participavam de Seminários, Conferências, Encontros, e quaisquer eventos similares, seja em eventos políticos, enquanto movimento social, seja em eventos culturais, atuando enquanto movimento cultural.

O Projeto Rappers também se engajava em redes, projetos e espaços de construção de agenda coletiva, como a participação na Articulação do Fórum Paulista de Juventude, junto à Coordenadoria de Juventude de São Paulo (Prefeitura Municipal de São Paulo); na Rede Brasileira de Hip Hop; na Red de Jovenes de la Alianza Estratégica Afro-Latina y Caribeña; no Grupo de Trabalho Afro-Brasileiro da Secretaria de Educação, criado pela Resolução SE 104 de 15 de junho de 1994, para a inserção de história e cultura negra e educação antirracista no currículo; no Projeto Discriminação, Preconceito, Estigma: Relações de Etnia em escolas e no atendimento à saúde de crianças e adolescentes em São Paulo, desenvolvido junto à Faculdade de Educação da Universidade de São Paulo em 1995; na IV Conferência Mundial sobre a Mulher com tema central Ação para a Igualdade, o Desenvolvimento e a Paz, realizada em Beijing, China, no ano de 1995; na Conferência Mundial das Nações Unidas contra o Racismo, a Discriminação Racial, a Xenofobia e a Intolerância realizada em Durban, África do Sul, em 2001; e no Fórum Social Mundial, realizado em Porto Alegre, Brasil, em 2002 e 2003.

III. A revista Pode Crê!

O Projeto Rappers deu para o Hip Hop a primeira publicação sobre Hip Hop, não tinha nenhuma, a Pode Crê! foi a primeira. O Projeto Rappers deu para a comunidade negra brasileira no geral a primeira revista negra feita para negros e por negros depois que a revista Ébano encerrou suas atividades no final dos anos 80. (Clodoaldo, 2022)

Dentro das linhas de ação, o principal foi entender que a gente precisava de um veículo de comunicação para poder falar com os mais jovens porque a gente tinha uma ligação com muitos jovens, seja da zona norte, sul, leste, oeste ou centro da cidade de São Paulo, e até de outros estados, e que se a gente tentasse falar de boca a boca, a gente não ia conseguir passar a informação do jeito que imaginava. A partir desse encontro, a gente entendeu que era bacana ter um veículo de comunicação que pudesse levar a informação para os quatro cantos da cidade de São Paulo e do Brasil.

No primeiro momento a gente pensou num fanzine, num boletim, alguma coisa dessa natureza e, amadurecendo essa conversa, foi onde nasceu a ideia da revista Pode Crê! Eu classifico que a partir desse marco de se instituir a revista Pode Crê! e das várias outras ações que se desdobram, de seminários, de debates, de bate-papo com outras personalidades, que a gente começa a instituir essa coisa do Geledés – Projeto Rappers. Eu acredito que é a partir desse desses ajustes, dessa conversação para plano de ação, que a gente dá start no Projeto Rappers. (Markão, 2022)

A revista *Pode Crê!* vem responder à necessidade de criação de um veículo de comunicação para difundir as informações e as pautas dos *hip-hoppers*. A ideia da criação desse instrumento é discutida desde os primeiros encontros com Geledés Instituto da Mulher Negra e foi aprofundada durante o Seminário de Guararema. Dessa forma, ela se consolida como a primeira revista dedicada ao movimento no país e, para os participantes, a segunda publicação da comunidade negra depois da revista *Ébano*, que circulou durante a década de 1980. Além do pioneirismo, a *Pode Crê!* tinha sua pauta, entrevistas e matérias escritas exclusivamente pelos integrantes do Projeto Rappers, sob a supervisão do jornalista Flávio Carrança, com exceção dos textos das quatro páginas centrais. A cartilha produzida no início do Projeto Rappers, que foi caracterizada como manifesto da iniciativa, viria a se tornar o número zero da *Pode Crê!*.

Inicialmente dedicada à comunidade Hip Hop de São Paulo, a revista também desenvolveu pautas globais. Como exemplo, podemos citar a abordagem sobre a diáspora negra que conectou a atuação da juventude negra, pobre e periférica de diversos contextos. A Pode Crê! nasce em um momento de ascensão do Hip Hop em inúmeras cidades do país, do interior à capital, e suas matérias contribuíram para que jovens negros e periféricos organizassem suas ideias em torno do que seria o estilo de vida de um *Hip Hop*per. Logo, este veículo de comunicação é responsável por sistematizar ideias, estéticas e simbologias, assim como difundi-las em suas páginas, criando uma comunidade imaginada com identidades, práticas e imaginários compartilhados. Para Benedict Anderson (1983), a nacionalidade e o nacionalismo são produtos culturais, assim como a religião, a economia, a língua. O surgimento da ideia moderna de nação como comunidade imaginada se torna possível devido às transformações econômicas, às descobertas e ao desenvolvimento dos meios de comunicação. Ou seja, segundo Anderson, a interação entre o capitalismo, a tecnologia e a diversidade linguística humana possibilitou a criação de uma nova forma de comunidade imaginada, aquela sustentada por um tempo vazio e homogêneo onde acontece uma simultaneidade social daquelas pessoas que não se conhecem, mas que, compartilham símbolos, sentimentos e pertencimentos.

Os conteúdos da Pode Crê! apresentaram de forma conceitual o que é o Hip Hop, considerando seus elementos e formas de organização; a partir dos estudos realizados no projeto, difundiram novas perspectivas e referências de história e cultura do continente africano e afro-brasileiro; desencadearam debates sobre temas contemporâneos que se relacionam à realidade das pessoas participantes, como raça e racismo, desigualdades, gênero e feminismo, violência e direitos fundamentais; divulgaram trabalhos e produções artístico-culturais realizadas pelos *hip-hoppers* naquele período e ações relacionadas ao Hip Hop.

Quando vem a proposta de fazer a revista, é uma proposta no sentido de dizer "nós não temos mídia, nós precisamos de uma mídia, de algum veículo que traduza os nossos pensamentos, os nossos anseios, que traga conhecimento para o nosso povo", porque a gente tava tendo um pouquinho de conhecimento, mas queria também compartilhar esse conhecimento. É lá que a gente começa a conhecer um pouco do movimento negro estadunidense, saber de Malcom-X, saber de Martin Luther King, saber de Steve Biko, enfim [...] os grandes líderes espalhados pelo mundo. E o que a gente estava fazendo não era novo, a gente não estava inventando a roda, já tinha um monte de gente lutando pelas mesmas coisas que a gente, mas eu acho que o que nos aproximou do movimento negro é a gente tá falando em cima de um palco para um monte de outros jovens das mesmas idades que nós, o que eles estavam discutindo dentro das salas, né? Ali no seu grupo, dentro do seu universo e quando a gente pensa nessa publicação, essa publicação nos dá degraus. Por quê? Porque nós fizemos as revistas, nós escolhemos a pauta da revista, alguns de nós iam entrevistar, outros iam transcrever, outro ia fotografar, foi feito por todas essas mãos, foi pensado por essas mãos e muitos dos jovens não tinham o 1º grau completo. (Sharylaine, 2022).

Na primeira publicação, uma cartilha caracterizada como manifesto do projeto e que foi nomeada como edição nº 0 da revista, os jovens *rappers* iniciam com uma epígrafe de Nelson Mandela: "Temos uma ideologia poderosa, capaz de prender a imaginação das massas. Nosso dever é passar essa ideologia, totalmente, para elas". Seguindo essa perspectiva, esse número apresenta o projeto (como e por que surgem), a perspectiva de Geledés Instituto da Mulher Negra sobre o projeto (por que trabalhamos com os *rappers*?) e os conteúdos que se propõem a consolidar um imaginário comum na comunidade Hip Hop, como "O que é o *rap*?" e "O papel dos *rappers*". Com o slogan "nossos gritos são de guerra, com a diferença que eles não matam e nem ferem as pessoas", a edição traz temas como direitos e garantias individuais, identidade e conscientização sobre a história negra, desigualdades entre homem e mulher, saúde sexual e reprodutiva, relato de atividades político-sociais e culturais realizadas pelos *hip-hoppers* na cidade, a história de alguns grupos que compõem o Projeto Rappers, e faz a divulgação do SOS Racismo como canal de denúncia que pode ser acessado pela juventude negra e periférica.

Seria pretensão dizer que o Projeto Rappers, através da Pode Crê!, foi responsável por "espalhar" o Hip Hop pelo Brasil, não era este o caso, afinal, estávamos em 1992, e na metade dos anos 80, por volta de 1986 e 1987, tivemos a onda", a febre" do breaking, com filmes na sessão da tarde, concursos em programas de auditório de fim de semana, e Michael Jackson popularizando essa dança ainda mais, a partir do famoso passo "moonwalking", o nosso backslide, que todo B.Boy e toda B.Girl conhecem bem. Através dessa "moda", o rap e o breaking ficaram conhecidos, ainda que de forma estereotipada e guetizada. Foi nessa época que os pioneiros, como Nelson Triunfo e King Nino Brown, entre vários outros/outras da velha escola, pavimentaram o caminho por onde passariam e passam todos/todas nós. E isso aconteceu logo em seguida em todos os centros urbanos do país, e aí sim, a Pode Crê! foi fundamental. Através da revista, os intercâmbios começaram a acontecer. Os manos e as manas dos mais longínquos rincões souberam que não estavam sozinhos. Não era mais só a cidade tal e São Paulo, como os manos e manas da cidade tal pensavam. Nas respostas das cartas, nós informávamos a estes irmãos e irmãs que no estado ao lado, na cidade próxima da dele, também tinha rap, tinha DJ, tinha um baile, enfim, tinha Hip Hop. E mais e mais gente do Brasil foi conhecendo mais e mais gente do Brasil, que gostava de Hip Hop. Outros lugares não tinham, mas inspirados em regiões tão precárias quanto as que tinham, fundaram uma Posse também. Portanto, podemos dizer, com certeza que não, não fomos os precursores do Hip Hop em lugar nenhum, mas fizemos com que os precursores de cada lugar tivessem inspiração, formação e informação pra fazerem seu próprio movimento, suas próprias posses, e que estas tivessem suas características específicas, e fomos fundamentais pra que estes vários Hip Hops se conectassem, se falassem. (Clodoaldo, 2022)

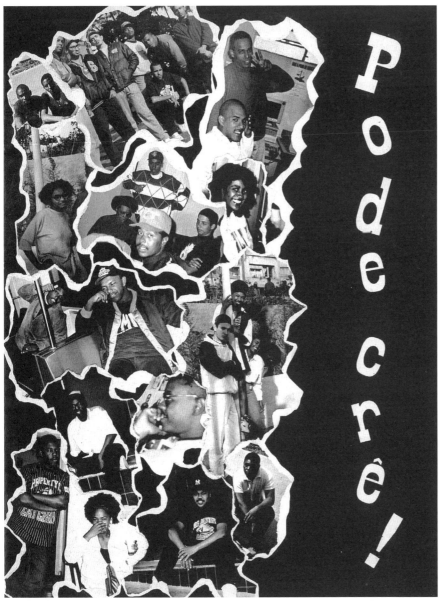

Figura 14: Capa da revista Pode Crê!, n. 0, 1992. Fonte: Revista Pode Crê!

A primeira edição apresenta a identidade do Projeto Rappers e difunde ideias sobre como seria se organizar em torno desse movimento. Ao incluir o endereço de Geledés Instituto da Mulher Negra na publicação, estabeleceu-se uma troca de cartas que ajudou a circular ideias e iniciativas sobre o que ocorria em outros territórios, bem como compreender qual o impacto da revista nos diferentes lugares que ela estava circulando.

Havia uma sessão de cartas para que leitores intera-gissem conosco, nos dessem feedback sobre nosso trabalho, lembrando que não havia redes sociais, a internet era algo embrionário, e nosso público, na maioria, sequer tinha e-mail, portanto, as cartas eram as mais eficazes formas de comunicação. E nós éramos a mídia impressa com a qual o Hip Hop poderia contar.

A gente começou a ter um problema porque, por exemplo, tinha uma loja de discos que era anun-ciante nosso e "aí olha, vai ter sorteio de um mixer, de um disco, de um lote de 5 discos de rap nacional" e a gente botava o cupom na revista, aí ganhava o cara de João Pessoa e tem que mandar pro cara, e a gente não sabia que João Pessoa tava concorrendo e tinha que mandar, e nas cartas também tinham vários relatos, várias denúncias, e assim a gente foi conhecendo as realidades das periferias de outros lugares, dizendo "olha, vocês precisam vir aqui cobrir um negócio que acontece aqui na minha cidade porque a polícia faz isso e a polícia faz aquilo e aquilo outro". A sessão de cartas foi muito legal no Brasil absolutamente inteiro. Tomara que a gente consiga recuperar isso de alguma forma. Na época, como a gente não tinha a perspectiva de que algum dia seria possível digitalizar e guardar essas coisas, eu nem sei se essas cartas foram guardadas quando a revista encerrou a atividade, mas elas estão por aí, vamos mostrar um pouquinho da revista. (Clodoaldo, 2022)

Após a edição zero a revista se profissionalizou, ganhando um formato tradicional de revistas, com projeto gráfico, cor e linha editorial, incluindo matérias especiais temáticas, textos de opinião, entrevistas, divulgação de eventos, grupos e projetos, novidades nacionais e internacionais no cenário do Hip Hop, biografias, propagandas etc. Os conteúdos da edição número 0 deixam evidente que este movimento não é uma mera transposição do que acontecia nos Estados Unidos para o Brasil, mas uma possibilidade de conexão com a diáspora negra, com histórias silenciadas e que refletem sobre a realidade enfrentada por jovens negros e das periferias.

O que marcou mesmo para mim, assim, eu acho que foi a questão da revista Pode Crê! *Nós levamos uma coisa que era totalmente diferente, feita por nós, produzida por nós, com a nossa cara ali. Eu acho que isso foi uma coisa que marcou para mim dentro do Projeto Rappers, a coisa da gente confec-cionar, porque aquilo foi um sonho muito grande que nós tínhamos de ter um veículo de comunicação. Nós tínhamos algumas rádios e eu nem lembro se naquela época tinha a rádio 105 já, mas era assim, era muito dominado por outras pessoas e não por nós. Tinha alguns programas, mas não tínhamos domínio disso e a revista* Pode Crê! *foi isso, ela trouxe a nossa cara, a nossa identidade, como nós falávamos para as pessoas, isso que foi importante, porque não era só uma questão de comunicação, mas era a nossa linguagem que estava ali. (Lady Chris, 2022)*

A revista *Pode Crê!* foi pensada enquanto publicação local e independente sobre e para a cultura Hip Hop. É interessante ressaltar que a publicação da Pode Crê! não se deu a partir da contratação de uma editora para produzi-la, mas a partir da capacitação de participantes do Projeto Rappers para executar essas produções, sob orientação e acompanhamento de jornalistas e técnicos.

> *Quando veio a revista* Pode Crê!, *fruto do Projeto Rappers, eu tinha umas responsabilidades de escrever uma matéria por mês e eu era colunista, eu tinha um pseudônimo e escrevia sobre todos os acontecimentos, tudo que estava rolando no mundo do Hip Hop naqueles momentos, essa era a minha função. (Tina, 2022)*

> *Isso é importante dizer, até a diagramação da revista, um de nós rappers foi capacitado para fazer, nós tínhamos um editor chefe e aí óbvio um jornalista formado, o Flávio Carrança, que era quem dava todas as orientações, mas a proposta era que nós mesmos fizéssemos absolutamente tudo. (Clodoaldo, 2022)*

> *Foi uma autoprodução mesmo, não foi tipo "a gente quer isso, contrata fulano, beltrano, ciclano e produz aí", não, foi "a ideia da gente é essa, senta, reunião, pauta" e fomos desenvolvendo. (Sharylaine, 2022)*

As edições contavam com uma seção de cartas em que dialogavam e respondiam seus leitores e uma seção para apresentar personalidades negras. Todas as revistas foram produzidas com material de alta qualidade e com a ambição de competir com revistas hegemônicas e consideradas referência na época.

A Pode Crê! número 1 traz o rapper Mano Brown na capa, vestido com uma camiseta da Nike e um boné com a letra X, que faz referência ao intelectual e militante Malcolm-X, ativista que tem sua biografia apresentada nessa edição. No plano de fundo da imagem de Mano Brown temos uma lousa com algumas referências da cultura Hip Hop, como a frase "A juventude negra agora tem a voz ativa", referência à música "Voz Ativa" (1993), de Racionais MCs, além do escrito Malcolm-X e o desenho da bandeira do Brasil. Esse volume apresenta matérias que exploram a história e a importância da Estação São Bento como berço do Hip Hop no Brasil; a inauguração da Casa do Projeto Rappers e sua finalidade; o trabalho dos jovens *rappers* nas escolas da cidade e o papel do Hip Hop como importante ferramenta de formação; a importância do Black Mad, uma das primeiras equipes de Bailes Black da cidade de São Paulo; e a chegada aos cinemas do filme Malcolm-X, do Spike Lee. Além disso, todas as edições têm colunas especiais como Raio X, que divulgava grupos que compunham o projeto e de fora dele também; Se toque, que tratava de direito sexuais e reprodutivos, consumo de drogas, a importância da prevenção e do diálogo aberto sobre temas relacionados à vida sexual, à DSTs, à maternidade e à paternidade e os mecanismos de prevenção; Perfil, com personalidades e grupos negros vivos importantes nas áreas artística, musical, política e acadêmica; Acontecendo, que trazia as novidades do que vinha sendo produzido no Hip Hop em nível nacional e internacional, e também algumas fofocas; Sessão biográfica, onde apresentavam trajetórias de personalidades negras; As 10 mais, que compartilhava listas de repertórios musicais; Ponto de Vista, com autor convidado a escrever sobre temas de interesse do público da revista; e Dicas, que sugeria livros, fitas e discos.

A partir da revista número 1, temos propagandas espalhadas ao longo da revista. Embora tivessem o papel de garantir a sustentabilidade e a produção, dada a independência e autonomia da revista, havia critérios políticos criados pelos jovens por trás das escolhas de quem poderia anunciar, como não aceitar anúncios sem modelos negros e anúncios de cigarros e bebidas. Nesta edição inaugural, dentre as trinta e duas páginas, sete são de propagandas, sendo seis individuais e uma de classificados com 10 anunciantes. Os produtos veiculados são lojas de discos, marcas esportivas, alimentos e equipamentos para empreender.

Não seria redundante reafirmar que ao reportar o que fazem os *rappers*, quais são suas referências, como ler biografias negras para conhecer uma história não ensinada na escola ou desenvolver projetos em escolas, a revista difundia ideias e práticas que alimentaram a atuação de *hip-hoppers* por todo o país. É comum encontrar Posses de Hip Hop espalhadas pelas regiões do Brasil e, quando analisamos suas histórias, percebemos elementos em comum, como a ocupação do espaço público, a realização de ações para mitigar os problemas de suas comunidades, o diálogo com movimentos sociais, a mobilização política, a denúncia pública do dia-a-dia nas periferias e dos sujeitos negros e o estudo de conhecimentos contra hegemônicos como base para reformular e formular novos paradigmas para a compreensão de suas realidades. No entanto, essa conexão só é possível em decorrência de uma experiência compartilhada por essas juventudes negras e periféricas que, mesmo ocupando espaços muito diferentes, enfrentam elementos estruturais comuns que marcam a formação da sociedade brasileira, como o racismo e a distribuição desigual de recursos e de oportunidades. A criminalização de grupos fora dos padrões hegemônicos, a negação de oportunidades que possibilitaria sua mobilidade social, o silenciamento da história e da contribuição dos grupos dos quais fazem parte para a formação da sociedade em que vivem, tudo isso faz parte de um processo de desumanização e se constitui como obstáculo para seu reconhecimento como sujeitos de direitos.

Como podemos observar na edição n° 2, figura abaixo, a revista tinha uma produção de periodicidade semestral. Nessa segunda publicação, fica evidente que o Hip Hop e o movimento negro brasileiro conectavam essa juventude não apenas com a história, luta e cultura do povo afro-estadunidense, conforme costumam advogar contra o Hip Hop. Pelo contrário, a conexão era com um passado histórico que conecta a experiência da diáspora negra, fora e dentro do continente africano. Por isso, essa unidade traz a biografia de Steve Biko, ativista que morreu lutando pelo fim do *apartheid* na África do Sul.

Figura 15: Capa da revista Pode Crê!, n. 1, 1993. Fonte: Revista Pode Crê!

Pensando nisso, a revista *Pode Crê!* número 2 tem seu editorial voltado ao Massacre da Candelária, ocorrido no Rio de Janeiro em 1993, sendo mais uma evidência da realidade violenta vivenciada pela juventude negra e periférica no Brasil. O texto exige justiça e punição aos responsáveis pelo assassinato de oito jovens que dormiam em frente à Igreja da Candelária, localizada no centro da cidade, condição imposta pelas desigualdades e as diversas violações de direitos fundamentais. O fim dessas sucessivas violações é o ceifar do direito à vida provocado por agentes do braço armado do Estado, isto é, a polícia. O texto do editorial acusa os responsáveis como aqueles que decidem quem deve ou não viver; quem deve ou não comer; quem pode ou não ser considerado "cidadão". "É essa mesma impunidade que permite que se decida pela morte de meninos que não tiveram a oportunidade de ver seus sonhos realizados e poderiam estar criando, aprendendo, ensinando [...]. Meninos que provavelmente tinham os mesmos sonhos que qualquer jovem brasileiro" (Editorial, revista *Pode Crê!*, n. 2, 1993). Esta concepção apresentada na revista revela o que Sueli Carneiro – que tinha influência sobre a formação dos jovens do Projeto Rappers – tem discutido desde o início deste século em uma perspectiva foucaultiana:

Michel Foucault demonstrou que "o direito de fazer viver e deixar morrer" é uma das dimensões do poder de soberania dos Estados modernos e que esse direito de vida e de morte só se exerce de uma forma desequilibrada, e sempre do lado da morte". É esse poder que permite à sociedade livrar-se de seus seres indesejáveis. Essa estratégia Michel Foucault nomeou de biopoder, que permite ao Estado decidir quem deve morrer e quem deve viver. E o racismo seria, de acordo com Foucault, um elemento essencial para fazer essa escolha. É essa política de extermínio que cada vez mais se instala no Brasil, pelo Estado, com a conivência de grande parte da sociedade. (Carneiro, 2011. p. 125).

Embora a ideia "de quem deve ou não viver; quem deve ou não comer; quem pode ou não ser considerado cidadão" tenha aparecido na revista em 1993 sob influência do pensamento de Sueli Carneiro, apenas se popularizou em 2011 ao ser apresentada como "necropolítica" pelo professor Achille Mbembe. Necropolítica é um conceito elaborado a partir da compreensão de Achille Mbembe (2018) de que há uma política de morte constituída como a marca de atores hegemônicos no mundo, ou seja, uma prática institucionalizada em que alguns grupos sociais são considerados matáveis. Embora tenha como ponto de partida a noção de biopoder de Foucault, Mbembe considera que ele se concentrou na gestão da vida e que é preciso pensar a gestão da morte, no porquê alguns corpos são consideráveis matáveis e suas mortes não geram comoção social. Para isto, considera que o racismo ajuda a compreender como os poderes institucionais atuam sobre os corpos matáveis – é o racismo que regula a morte. Enquanto Mbembe pensa uma das primeiras experiências da biopolítica a partir da escravidão, Foucault tinha como ponto de partida a revolução industrial.

Entre os anunciantes da segunda revista, começam a aparecer as próprias gravadoras e grupos de *rap* que buscavam colocar em evidência as novas produções artísticas. Os jovens do Projeto Rappers continuam trabalhando nessa unidade com um alinhamento conceitual do que é a música *rap* e a sua prática – que nessa edição também apresenta o funk como essência do *rap*, a história de grupos pioneiros dos diferentes elementos do Hip Hop e das Posses, o Yo! MTV *Rap*, primeiro programa especial dedicado ao *rap* no Brasil e que segue a mesma linha que a MTV realizava fora do país, entrevista com Vítima Fatal, matéria sobre mulheres no *rap*, a qual abordaremos no próximo capítulo, perfil de William da gravadora e equipe de som Zimbabwe, além das outras colunas já citadas. A partir dessa edição, a revista também começa a trazer posters de artistas e personalidades.

Figura 16: Capa da revista Pode Crê!, n 2, 1993. Fonte: Revista Pode Crê!

A Revista *Pode Crê!*, n. 3 demonstra a conexão do Projeto Rappers e o esforço da revista em alcançar outros territórios, trazendo em sua capa o grupo Câmbio Negro, de Ceilândia, no Distrito Federal. Nessa edição foi problematizada a abordagem estereotipada da cultura Hip Hop pela mídia, a qual reforça uma analogia com a violência e a criminalização de seus praticantes. Como Biografia, traz a Rainha Nzinga Mbandi que liderou os reinos do Ndongo e do Matamba durante o século XVII, em Angola (Masioni; Serbin; Joubeaud; Balducci, 2014). Outros temas em destaque são o grupo de samba/pagode Sensação, o aniversário de dois anos do Projeto Rappers, DJs de Bailes, entrevista com o jogador de futebol Viola, entrevista com Câmbio Negro, matéria sobre a voz ativa do Hip Hop em Campo Grande, Mato Grosso do Sul, a história do Professor Sebastião que luta por educação pública de qualidade na periferia de São Paulo, perfil de Luizão da equipe de festas Chich Show, análise do mercado e investimento em música negra, análise da presença negra na mídia e os melhores do *rap* do ano. Nessa mesma edição, aparecem como novidades uma seção de trechos de cartas enviadas e com respostas da equipe da revista e, por fim, propagandas de agências de modelo exclusivas para negras e negros.

Figura 17: Capa da revista Pode Crê!, n. 3, 1994. Fonte: Revista Pode Crê!

A última edição de 1994 tem como destaque o grupo Thaíde & DJ Hum, pioneiros do Hip Hop brasileiro. O editorial se dedica à eleição de Nelson Mandela como presidente da África do Sul naquele ano, depois de passar décadas lutando contra o apartheid na África do Sul e faz uma correlação com a situação do Brasil e a candidatura de Luiz Inácio Lula da Silva, em período de redemocratização, apontando-o como a liderança mais popular do país. Como Fernando Henrique Cardoso se elegeu, cobram o pagamento da dívida histórica que o país tem com a população negra. A biografia apresentada é de Kwame Nkrumah, líder político de Gana que lutou pela libertação dos países africanos, em especial do seu país onde foi o primeiro ministro após a expulsão do colonialismo. Ademais, como na edição anterior que trouxe o grupo Sensação, a revista continua a conexão com o samba ao apresentar matérias sobre Bezerra da Silva e Skowa, o que demonstra como a música negra brasileira é tomada como referência pela juventude do Hip Hop. A quarta edição traz textos sobre dois jovens negros de destaque no esporte, Kid no Volei e Tarobinha no Skate, entrevista com Thaíde & DJ Hum, "Rúbia é branca, e daí?", que aborda a identidade e a posição da vocalista do RPW[8] e pioneira do Hip Hop brasileiro, lançamento do disco Dr. Alban, cantor nigeriano, e o trabalho social do Centro Filhos de Oxum, que atendia crianças com HIV/AIDS.

8 Banda de rap, cujo nome remete às iniciais dos nomes artísticos de seus membros: Rúbia, DJ Paul e W-Yo.

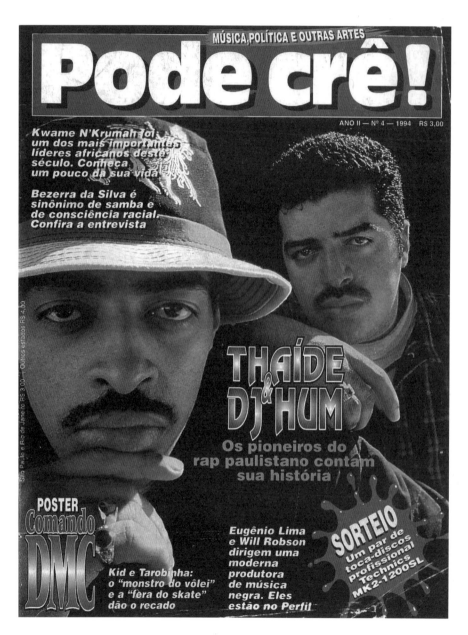

A circulação da *Pode Crê!* alcançou todo o Brasil por meio da divulgação orgânica da comunidade Hip Hop que, além das revistas originais, fazia o repasse de cópias da publicação. Desta forma, como instrumento de comunicação, impulsionou a divulgação do Hip Hop e possibilitou a ampliação das denúncias de violências policiais contra o movimento em diferentes regiões do país.

Figura 19: Sueli Carneiro com produtos promocionais no lançamento da revista Pode Crê!, n. 1, em 1993. Fonte: Centro de Documentação e Memória Institucional (CDMI) de Geledés Instituto da Mulher Negra.

Figura 20: Convite para o lançamento da revista Pode Crê!, n. 1.
Fonte: Centro de Documentação e Memória Institucional (CDMI) de Geledés Instituto da Mulher Negra.

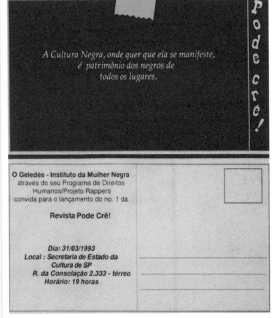

IV. Femini Rappers:

do feminismo negro ao Hip Hop feminista

O feminismo do Hip Hop pautou-se, desde o princípio, I. nas experiências de mulheres para as quais a luta é inerente a sua sobrevivência, ou seja, movimentos populares caracterizados pela liderança feminina, como movimentos de moradia, mães crecheiras e associações comunitárias, e II. nos acúmulos e desconstruções elaborados pelo movimento feminista negro – este formado por mulheres também periféricas, mas que conseguiram alcançar outras esferas de discussão de direitos na sociedade. As narrativas bem elaboradas pelas mulheres no Hip Hop sobre o cotidiano nas periferias de São Paulo não eram suficientes para que fossem tratadas como iguais em um universo majoritariamente machista, em que valoriza-se, sobretudo, as produções masculinas. Neste sentido, a disputa por um espaço nos eventos de rap demonstrava muito os limites que o machismo impunha a sua atuação artística, experiência na qual as narrativas do movimento feminista sobre a emancipação das mulheres e os limites colocados pela sociedade patriarcal ganham todo sentido.

"Nossos Dias", da MC Sharylaine, fo primeiro *rap* gravado por uma mulher no Brasil, em 1989. Neste trabalho, a rapper traz como refrão os seguintes versos: "disseram então que eu não podia cantar/ que para outros grupos era treze de azar/ não ligue meu bem que isto é prosa/ e se tudo se renova Sharylaine está a toda prova". A cantora, que iniciou na cultura em 1985 e formou o grupo Rap Girls com a MC Citylee (Carla) em 1986, desafiou, naquele período, os homens do *rap* que não abriam espaço para mulheres em seus grupos.

Foram muitas artistas e ativistas femininas que atuaram na gênese do Hip Hop brasileiro, como Sharylaine, Chris Lady *Rap*, DJ Quettry, Rose MC, Luna, Rúbia, entre outras. Usavam calças largas, camisetas longas, bonés, boots e, em busca de maior aceitação, engrossavam a voz para cantar. Para ter espaço no Hip Hop, que emerge como cultura de rua, as meninas do *rap* adotavam padrões considerados masculinos, o que não as impediam de abordar temas de seus interesses nas músicas. Rúbia, uma das primeiras a integrar um grupo com homens, o RPW[9], produziu a música "Discriminadas", na qual aborda as submissões e a objetificação que oprimem as mulheres. O grupo Visão de Rua, de uma segunda geração que emerge em meados dos anos 1990, era composto pelas MC's Dina Dee e Tum, ambas sempre vestidas com roupas consideradas masculinas, que abordavam temas que perpassam a vida de mulheres da periferia, como maternidade solo, relacionamento e abandono, violência doméstica, trabalho precário, crime, dias de visita nos presídios e o cotidiano de mulheres encarceradas. Sobre esse último tema, Visão de Rua constitui-se como uma das principais referências para entender as condições das presidiárias e das instituições de detenção femininas nos anos 1990.

---

9   Sigla que remete às iniciais dos nomes artísticos dos membros do grupo, Rúbia, DJ Paul e W-Yo.

No começo da minha carreira com a Citylee nós usávamos roupas bem femininas mesmo, minissaias, miniblusas, top. Quando a City Lee para e eu começo a andar sozinha, aí eu mudo a minha postura, assim de, eu e os meninos..., então eu usava roupa um pouco mais larga, digamos que menos "femininas", por questões de segurança mesmo, mas também eu tentava sempre marcar minha presença enquanto mulher, usando sempre peças cor-de-rosa e até lembrando de um episódio, e aí eu falo assim mesmo da minha geração, Lady Rap, por exemplo, era extremamente ousada, ao ponto de abusar da feminilidade dela através dos figurinos sensuais no palco e ao mesmo tempo se tivesse que apavorar um cara, era aquilo, não deixava passar batido não. Mais para frente, eu voltei a usar as roupas femininas também para incentivar as meninas que estavam chegando na cena, pra que elas sentissem que elas poderiam fazer aquilo que elas quisessem, mas também me lembro de um episódio, de uma rapper que mandava muito bem, ela estava vestida assim, com uma calça justa e um top e tal, e aí os caras impediram ela de subir no palco, fizeram ela colocar um casaco pra subir, ela subiu totalmente constrangida. (Sharylaine, 2022)

Figura 21: Evento de lançamento da revista Pode Crê!, n. 1, em 1992. Fonte: Centro de Documentação e Memória Institucional (CDMI) de Geledés Instituto da Mulher Negra. Em pé, da esquerda para direita: Tenka Dara e Luanda Carneiro Jacoel; Agachadas: Sharylaine e DJ Quettry.

Elas fazem da década de 1990 um período marcado também pelo debate de gênero. Colocavam em evidência as contradições dos MCs que, em sua maioria, idolatram a figura de suas mães como "guerreiras", ao mesmo tempo que produziam músicas que desrespeitam as outras mulheres. Os homens do Hip Hop tinham uma postura paradoxal. Por um lado, exaltavam toda figura feminina que não fossem as mulheres com as quais se envolvem sexualmente, como suas mães, avós, irmãs e outras responsáveis pela sua criação, nas quais conseguem identificar o peso que elas carregam por suas jornadas sobrecarregadas que, na maioria dos casos, são solitárias, dada a ausência e a falta de responsabilidade dos homens com os quais se relacionam e os pais de seus filhos. Por outro lado, não demonstram o mesmo respeito, admiração e compreensão crítica sobre as mulheres com as quais se relacionam, reproduzindo de diferentes formas aquilo que criticam na figura masculina ausente e negligente de suas famílias que são, na maioria das vezes, seus próprios pais.

Dessa forma, se as movimentações das mulheres das periferias em que viviam as meninas do Hip Hop já lhes ensinavam sobre o protagonismo para lutar por seus direitos, sejam as mães crecheiras lutando por educação pública nas comunidades, as lideranças das associações comunitárias batalhando por saneamento, pavimentação, iluminação e transporte público, mães enfrentando as polícias para impedir atentados contra seus filhos negros, entre outras experiên-

cias, o feminismo vem para lhes ajudar a compreender outras perspectivas sobre a posição feminina na sociedade e a importância de se discutir a liberdade das mulheres. O que queremos dizer é que a necessidade de luta imediata pela sobrevivência e garantia dos direitos fundamentais deixava essas mulheres periféricas longe das pautas de emancipação feminina, isso porque enquanto o movimento feminista tradicional reivindicava espaço no mercado de trabalho, elas nunca tiveram a possibilidade de não trabalhar e ocupavam posições precárias. Enquanto o movimento feminista reivindicava a liberdade do corpo feminino em relação aos seus companheiros, essas mulheres negras e periféricas já tinham seus corpos hipersexualizados e muitas vezes não tinham companheiros. Enquanto o movimento feminista tradicional discutia o que seria masculinidade tóxica e patriarcado, essas mulheres eram as principais responsáveis por lidar, enfrentar e assumir as consequências das violências, como a violência policial e o encarceramento em massa, sofridas pelos seus companheiros, filhos e irmãos. Esses elementos demonstram que as meninas do Hip Hop já viviam na presença do protagonismo dos movimentos de mulheres em suas comunidades, mas ainda estavam longe do que se constitui como movimento feminista. Foi no contato com Geledés Instituto da Mulher Negra que elas tiveram a oportunidade de conhecer e compreender também a importância do feminismo, passando a estabelecer correlações com a atuação das mulheres das periferias onde vivem, entendendo que mesmo que as realidades enfrentadas por pessoas do sexo feminino sejam diversas, e que algumas ainda tenham que lutar por direitos fundamentais, é necessário discutir também, por exemplo, direitos sexuais e reprodutivos e igualdade salarial, que são pautas centrais do feminismo.

> *Quando falamos em romper com o mito da rainha do lar, da musa idolatrada dos poetas, de que mulheres estamos falando? As mulheres negras fazem parte de um contingente de mulheres que não são rainhas de nada, que são retratadas como antimusas da sociedade brasileira, porque o modelo estético de mulher é a mulher branca. Quando falamos em garantir as mesmas oportunidades para homens e mulheres no mercado de trabalho, estamos garantindo emprego para que tipo de mulher? Fazemos parte de um contingente de mulheres para as quais os anúncios de emprego destacam a frase: "Exige-se boa aparência".* (Carneiro, 2005, p. 22).

No contato com Geledés Instituto da Mulher Negra, as e os *hip-hoppers* passaram a ter formação sobre seus direitos sociais, políticos e econômicos, assim como sobre questões raciais e de gênero, para atuar no enfrentamento às diferentes formas de violência e violações a que estavam submetidos. Enquanto aprendiam sobre esse universo da institucionalidade dos direitos e sobre a visão do feminismo negro em relação a raça e a gênero com militantes mais velhas, jovens do Hip Hop ensinavam essa organização da sociedade civil novas formas de mobilizar e dialogar com a juventude negra, pobre e periférica, lembrando que foi por meio do Projeto Rappers que eles tiveram contato com lideranças históricas de outras gerações, como Sueli Carneiro, Benedita da Silva, Clovis Moura, Ismael Ivo, entre outros. Lembram-se de ir ao Rio de Janeiro subir os morros para fazer campanha política de Benedita da Silva ainda nos anos 1990. No Projeto Rappers se formaram feministas: "o feminismo não foi uma coisa que eu abracei de primeira, nem de segunda e nem de terceira. Através de Geledés fui entendendo que minha caminhada já era feminista." (Sharylaine)

Eu lembro também que teve... não se falava de HIV/Aids, né? Naquela época, era muito tabu e a gente foi convidada né Laine, Lady Rap para fazer um clipe sobre a Aids, para se prevenir contra a Aids, passou na televisão algumas vezes e foi tirado do ar, foi um assunto muito forte e falado. A gente foi aprendendo disso, o feminismo mesmo, de que mulher tem que ganhar igual, que não é porque você sai com 1, 2, 3, tinha muito isso, você saía com um cara, aí beijava outro, era (bi), então, tinha muito, era muito forte o machismo daquela época, muito e a gente aprendeu a se defender, a se defender e nos colocarmos lá de que estamos em posição de igual para igual, somos mulheres, mas estamos de igual para igual e as meninas também, minhas amigas na casa delas nada era falado sobre isso, então, todas nós aprendemos, até a Daniele que era nossa DJ branca, ela também aprendeu junto com o Geledés porque na nossa casa não falava nada disso, nem na minha e nem na casa delas.

Do Femini Rappers tem isso do clipe da Aids, tem as revistas, os jornais que a gente dava entrevista falando, tem os programas da MTV, eu lembro que tinha o programa Barraco MTV que a gente sempre ia lá com o Femini Rappers, Geledés, falar sobre isso, então, além do Projeto Rappers, o Femini Rappers foi muito importante porque a direção das mulheres que faziam parte lá eram as mulheres que tinham aprendido com as antecessoras nossas e que passaram para essa galera mais nova de cá, que estão hoje (Taty Godoi, 2022).

Figura 22: Integrantes do Femini Rappers em curso de formação, em 1993.
Fonte: Centro de Documentação e Memória Institucional (CDMI) de Geledés Instituto da Mulher Negra.

Figura 23: Apresentação Femini Rappers no Encontro Feminista de São Paulo, em 1994.
Fonte: Centro de Documentação e Memória Institucional (CDMI) de Geledés Instituto da Mulher Negra.
Da esquerda para direita Vanessa Martins (Tese Real), Chris (Lady Rap), Daniela Martins (Tese Real), Taty Godoi (Tese Real) e Danielle Reis (Tese Real).

Além de fornecer elementos analíticos para as meninas do Hip Hop compreenderem as relações de gênero, Geledés Instituto da Mulher Negra também estimulava e apoiava a participação delas em espaços de construção da agenda política e incidência relacionados à questão de gênero e raça. Chris Lady Rap, por exemplo, foi para a IV Conferência Mundial sobre a Mulher: Igualdade, Desenvolvimento e Paz realizada pela ONU em Beijing, China, no ano de 1995. A participação não era apenas nas conferências em si, mas também nos encontros preparatórios e articulação com outras organizações, além de ter o papel de dialogar com outras participantes do projeto sobre os temas debatidos e a construção de agenda política.

Figura 24: Palestra em escola pública ministrada pelo Femini Rappers e Nilza Iraci de Geledés Instituto da Mulher Negra, em 1993.
Fonte: Centro de Documentação e Memória Institucional (CDMI) de Geledés Instituto da Mulher Negra.
Da esquerda para direita: Chris (Lady Rap) e Nilza Iraci.

Geledés investiu muito também na Cristina Batista, ela foi para a Conferência de Beijing, em 1995. E aí ela volta mais fortalecida e em seguida nós fundamos uma iniciativa chamada "Femini Rappers". E até então tínhamos uma questão, que a maioria de nós não nos reconhecíamos como feministas, então as discussões sobre essa temática não tinha muito ganho. Nosso debate era pensar na cena artística, a equidade para nós, ter respeito, boas condições de trabalho, e a gente até conseguiu né, essas melhorias, mas sempre no âmbito artístico, ainda não era no social ou no político. Isso mudou na virada de 1990 pra 2000. (Sharylaine, 2022)

Dentro do Projeto Rappers, as mulheres participantes fundaram o Femini Rappers, iniciativa que buscou abrir espaços para pensar as mulheres dentro do *Rap* e seus atravessamentos na sociedade. Então o debate feminista no *rap* começou mesmo com o Femini Rappers", quando o Geledés já era uma instituição forte, com apoiadores, parcerias, e com isso começou a ser o espaço para onde levávamos nossas demandas – inclusive materiais", diz Sharylaine.

O Femini Rappers buscou questionar a reprodução do machismo, presente na sociedade brasileira, dentro do universo do Hip Hop, e organizar as mulheres praticantes dos elementos deste movimento. Neste sentido, além de apontar as contradições dos *rappers* sobre a abordagem que tinham em relação às mulheres e sobre a reprodução das opressões de gênero em suas condutas, o projeto reunia as mulheres para se fortalecerem, encorajarem e lutarem por um espaço de respeito e igualdade no Hip Hop.

O Femini Rappers era o Projeto Rappers, mas focado para as mulheres, a gente buscava esse fortalecimento, trazer essa identidade feminina, essa capacitação das mulheres jovens. Nessa época, veio o Racionais e aí lançou "Mulheres Vulgares", aí o Doctors MCs o "Garota Sem Vergonha", cara, nós tínhamos as namoradas do pessoal do Hip Hop e algumas que estavam que praticamente não podiam falar nada, não podiam opinar direito, então eu vi essa necessidade. A questão fundamental era fortalecer as mulheres do Hip Hop que faziam rap porque, olha, nós vivemos em um país machista que tem toda essa questão latina que o machismo é mais forte do que em outros lugares, mas eu ficava estarrecida no sentido de que se o Hip Hop é um movimento libertário, como ele pode ser uma ferramenta de opressão? Sendo que ele está lutando contra a opressão, entendeu? Porque os homens do do Hip Hop naquela época, os homens eram extremamente machistas, não só nas letras, mas também em seus comportamentos. Quando as mulheres iam cantar era um tormento para a gente ir cantar, teve vez que eu estava cantando e os caras formaram duas filas e ficaram pulando de um lado para o outro "vamos para o bar! vamos para o bar!", e eu não conseguia cantar.

O Femini Rappers foi para fortalecer essas mulheres porque elas tinham medo mesmo, muitas vezes elas ficavam acuadas, no canto na festa, sem muita papa na língua, então, a questão da moral, um homem – isso eu sempre falei – quando ele quer atingir uma mulher, a primeira coisa que ele faz é falar da moral dela, não tem como, ele acaba com uma mulher falando da moral dela. O Femini Rappers era para falar "Você tem a liberdade de ser quem você quiser ser, viver a sua vida sexual, sua liberdade sexual, liberdade intelectual etc e tal". Só que assim, era muito difícil ainda, a gente passava horas fazendo formação com as meninas, o seminário, mas aí quando elas voltavam para a realidade delas era bem pior, era muito difícil porque mulher engravida e ela que segura e cria o filho. O cara saía para festa e ela que ficava em casa com o filho, a questão da mulher dentro do Hip Hop sempre foi mais difícil e eram jovens negras, mas eu acredito que foi muito importante porque hoje nós temos aí declarações de várias mulheres, hoje elas se colocam de uma forma que nenhuma teve coragem naquela época.

Uma vez eu fui fazer show no clube de boy lá nos Jardins e eu fui de shorts, saltos e cinta liga, fui chamado do quê? De puta. A gente não podia subir em um palco de shorts, não podia colocar uma roupa decotada, a mulher não podia colocar um shorts para cantar Hip Hop. O Femini Rappers teve essa importância porque trouxe mais visibilidade para as mulheres, não foi igual o Projeto Rappers que era o principal, mas ajudou bastante elas entenderem a luta das mulheres. (Chris Lady Rap, 2022)

A primeira revista de Hip Hop, a Pode Crê!, teve em todas as suas edições matérias que demarcavam a presença feminina no movimento, além de trazer biografias como a de Rainha Nzinga. Veja abaixo o texto produzido por Chris Lady Rap para a edição número 0. Nele, vemos uma mulher de turbante, com uma mão levantada e a outra carregando uma bandeira, simbolizando a luta política das mulheres negras. O texto apresenta referências femininas que se contrapõem à ideia de mulher como "sexo frágil" e endereça temas que afetam as mulheres, como a maternidade solo marcada por julgamentos e exclusões e pouco problematizada a partir do viés da paternidade irresponsável. Também traz para debate um grande tema daquele momento, a esterilização de mulheres negras, nivelada como política de controle da taxa de natalidade quando, na verdade, buscava-se evitar o crescimento percentual da população negra no país. Um exemplo disso seria o documento elaborado durante a gestão de Paulo Maluf no Estado de São Paulo, "intitulado 'O Censo de 1980 no Brasil e no Estado de São Paulo e suas curiosidades e preocupações' e foi distribuído aos demais GAPs do governo com o intuito de debater a questão do aumento da população negra e parda." (Damasco; Maio; Monteiro, 2012, p. 137). Para finalizar, exalta a capacidade e equivalência das mulheres em relação aos homens, provocando-os a pensar sobre o paradoxo tratado no início deste capítulo: "se respeitamos a nossa mãe, que é mulher, por que não respeitar alguma outra mulher também?". (Chris Lady Rap)

Ponto de Vista

Eu fico pasma ante a idéia de desigualdade entre homem/mulher.

Não consigo acreditar que existam pessoas que ainda mantêm este errôneo título na mente: a mulher é do sexo frágil.

Temos exemplos de muitas mulheres que foram verdadeiras guerreiras como Auta de Souza, Maria Brandão dos Reis, Winnie Mandela, e tantas outras.

Vamos entrar mais nesse assunto tendo a mulher como pivô.

A tão antiga e discutida questão da mãe solteira. Nos defrontamos diariamente com esse problema que para muitos não existe uma solução e por conta disso logo discriminam a mulher, como se ela fosse a única culpada.

E o que me dizem desses homens que não têm capacidade suficiente para assumir um filho e legitimá-lo?

Enquanto existe o problema da mãe solteira, outros tentam controlar a maternidade por métodos (não legais) de esterilização em massa das mulheres pretas.

Incontáveis vezes escutei homens dizendo que mulher deve apanhar, ou que mulher deve ser dona de casa (escrava do lar) e nada mais.

Só que existem muitos homens que não têm capacidade suficiente para conseguir manter a si próprio.

Agora vejamos se isto não é uma discriminação sem qualquer precisão, pois a mulher pode tudo que um homem pode e nós mulheres pretas sofremos dois tipos de discriminação: racial e sexual.

Pois bem, se respeitamos a nossa mãe, que é mulher, porque não respeitar alguma outra mulher também?

Lady Rap

Esta coluna é toda sua. Escreva para Pode crê! e mostre seu ponto de vista. A opinião expressa nesta coluna é de inteira responsabilidade do autor. Escreva!!!

Figura 25: Coluna Ponto de Vista, da Revista Pode Crê!, edição n. 0.
Fonte: Revista Pode Crê!

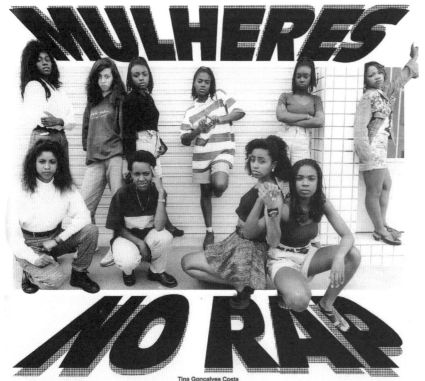

O texto "Mulheres no *Rap*", da edição número 2 da revista *Pode Crê!*, traz o óbvio: as mulheres no *rap* consomem, constroem redes, produzem, gravam, se divertem, têm ídolos, assim como os homens. A diferença é que seus esforços e trabalhos não têm o mesmo reconhecimento e elas estão sempre sujeitas a situações de constrangimento, e é contra isso que lutam. Também enfatizam seu incômodo com a palavra "bitch", um termo global no Hip Hop, que se torna o principal alvo de críticas de mulheres do Hip Hop em todos os lugares do mundo e que, naquele período, foi traduzido por Doctor's MC's como "garotas sem vergonha". Um outro ponto discutido é como as mulheres se tornam alvo de críticas variadas por homens que não olham para si próprios. A matéria abaixo ocupa cinco folhas da revista e traz o perfil das pioneiras Sharylaine, DJ Quettry, Rose MC, Chris (Lady Rap), Luna e o grupo Tese Real.

Figura 26: Matéria As mulheres do rap foram à luta e venceram muitas batalhas" da revista Pode Crê!, edição n. 2. Fonte: Revista Pode Crê!

Após essa primeira onda que abre espaço para o feminismo no Hip Hop, o Femini Rappers, nos anos 2000 surge a primeira articulação ampla do segmento no Hip Hop, o "Minas da Rima". O evento reuniu dançarinas, DJs, MCs e grafiteiras para realizar apresentações artísticas, exposições e dialogar sobre questões de gênero no Hip Hop e na sociedade. Participaram deste encontro nomes como Rúbia, Dina Dee, Negra Li, M.I.N.A., Ieda Hills, Cris SNJ, Chris Lady Rap, Sharylaine, DJ Nice, Nega Gizza, La Bella Máfia e Anfetaminas.

> *Neste processo a gente começa reuniões com a mulherada da cena, fundamos o Minas da Rima, realizamos um festival numa casa noturna em Pinheiros, no qual a gente chamou várias mulheres, de todos os elementos, diversos estados, aí começamos a pensar a coisa da visibilidade novamente, e já que não tinha evento para nós, nem bailes, nós começamos a criar esses espaços. No final mesmo só ficaram as mulheres do rap, trilhamos esta jornada, eu, Lady Rap, Rúbia e Senhorita Paola, para levar inclusive debates a frente. As mulheres de fora do núcleo ficaram numa posição mais passiva. Rúbia e eu figuramos também como DJ, porque nesse momento estava bem escasso de mulheres DJs. Eu tocava um pouco, ela tocava um pouco, Rúbia também deu conta de começar a pegar samples e bases de músicas para produzir instrumental. Tenho a visão de que a partir da Minas da Rima que começou a ser criado*

> *grupos de articulações de mulheres. Minas da Rima realizou seminários no Rio de Janeiro debatendo temáticas pautadas na saúde, direitos reprodutivos, sexualidade e pelo fim da violência contra a mulher. Essa coletividade era de extrema importância pro fortalecimento da carreira e visibilidade, porque os caras nos chamavam para cantar, mas, sem cachê, sem aparecer nos flyers de divulgação, e ficávamos horas esperando nossa vez de cantar, sem nem saber qual seria a ordem das apresentações. As meninas sequer se sentiam seguras para cantar de salto, de vestido. Algumas até vieram me perguntar se elas poderiam subir assim no palco. (Sharylaine, 2022)*

Com destaque em jornais e revistas, o evento "Minas da Rima" inspirou outras articulações femininas pelo país. Como reflexo disso, ao longo dos próximos anos, tivemos a criação do Portal Mulheres no Hip Hop, a realização de diferentes edições do evento nacional Hip Hop Mulher e o surgimento da Frente Nacional de Mulheres no Hip Hop. Essas iniciativas reuniram artistas de diversas regiões e foram responsáveis por produzir fanzines, CDs, coletâneas, documentários e livros que divulgam as produções femininas, ainda tão invisibilizadas nas mídias hegemônicas do Hip Hop e controladas majoritariamente por homens.

Para Sharylaine, o Femini Rappers foi a primeira onda do feminismo no Hip Hop, o Minas da Rima compõe a segunda onda e a Frente Nacional de Mulheres no Hip Hop se consolida como a terceira onda: "o Femini Rappers foi um experimento e o Minas da Rima foi um legado nesse processo de pensar a posição da mulher nesse cenário". Essas iniciativas cumpriram um papel importante ao questionar o machismo presente nos trabalhos de *rappers* famosos, como Racionais MCs e Doctor MC's, além de possibilitar que grupos femininos discutissem seu lugar e atuação na cultura e de construir um novo momento mais respeitável e com maior reconhecimento da participação, contribuição e protagonismo das mulheres na história e na construção da cena do Hip Hop brasileiro.

V. Pedagogias da geração Hip Hop

o percurso formativo do Projeto Rappers

O Projeto Rappers foi uma iniciativa que abriu espaço para a pedagogia da geração Hip Hop, que é, sobretudo, uma pedagogia nativa. Dessa forma, trabalhar a Pedagogia Hip Hop não é utilizá-la apenas como instrumento, mas sim abrir espaço para que os sujeitos envolvidos no processo formativo tenham liberdade para colocá-la em prática e contribuir com o processo educacional. Isto significa, em outras palavras, que é preciso reconhecer que aqueles nomeados como educandas e educandos também detêm estratégias e práticas que contribuem para a formação, de modo que todas as pessoas têm um papel importante no desenvolvimento educacional. Esta perspectiva estimula o protagonismo e o engajamento dos sujeitos envolvidos no percurso formativo.

We don't need education to base or connect itself to us if that education does not fully reflect us. The field of education must begin to make sense of Hip Hop sensibilities that includes dress, talk, and self-expression. The core elements of emceeing, b.boying, dee-jaying and graffiti must be seen as academic subjects and Hip Hop must be seen as the curriculum and the pedagogy. #HiphopEd argues not for a basing of what we do in formal education, but for a philosophical and conceptual understanding of hip hop as education. I see this approach as a Critical Hip Hop Pedagogy (CHHP) with a revolutionary philosophy. This is #HiphopEdu (Emdin, 2018, p. 3)

Tradução livre: Não precisamos da educação para fundamentar ou conectar-se a nós se essa educação não nos reflete plenamente. O campo da educação deve começar a dar sentido às sensibilidades do Hip Hop que incluem vestir, falar e autoexpressão. Os elementos centrais de MC, b.boying, deejaying e graffiti devem ser vistos como assuntos acadêmicos e o Hip Hop deve ser visto como o currículo e a pedagogia. #HiphopEd defende não um embasamento do que fazemos na educação formal, mas um entendimento filosófico e conceitual do hip hop como educação. Vejo essa abordagem como uma Pedagogia Crítica do Hip Hop (CHHP) com uma filosofia revolucionária. Isso é #HiphopEdu (Emdin, 2018, p. 3)

A experiência do Projeto Rappers aqui sistematizada traz como exemplo a possibilidade de trabalhar o Hip Hop como pedagogia própria: ouvir, apreciar, valorizar e dar protagonismo aos jovens e suas práticas culturais. Conforme Christoph Emdin (2018), "a Pedagogia Hip Hop é um movimento que visa interromper as estruturas opressivas das escolas e da escolaridade para jovens marginalizados por meio de uma reformulação do Hip Hop na esfera pública" (p. 1) e tem como foco a ciência e a arte de aprender e ensinar dentro desse movimento. Esse campo traz visibilidade para as narrativas silenciadas e as estratégias afetivas de educação existentes entre a geração Hip Hop. Neste sentido, trabalhar com a pedagogia Hip Hop é demonstrar o brilhantismo, resiliência, criatividade e proeza intelectual daqueles que fazem parte da cultura Hip Hop, mas não têm "'sucesso' escolar" (p. 2).

Como aponta Emdin (2018), a pedagogia Hip Hop nega as estratégias educacionais que buscam doutrinar os jovens em modelos de comportamentos dominantes, descontextualizados, que não respeitam os elementos socioculturais de onde são provenientes e que não atendam às necessidades dos educandos. Dessa forma, ela nos desafia a identificar a potência onde ninguém a vê, partindo da compreensão de grupos e contextos em suas próprias lógicas de funcionamento.

Em 1990, quando *hip-hoppers* chegam à Geledés para compartilhar sua experiência na cidade de São Paulo, a organização adota uma metodologia de diálogo que possibilita a ativação da pedagogia nativa. Quando tudo que esses jovens significavam para o Estado e a sociedade era o risco e o perigo, eles são tratados como protagonistas pelo feminismo negro.

Como organização da sociedade civil, que foi interpelada por esses jovens com a expectativa de oferecer formação e ferramentas para atuarem na defesa de direitos, a instituição buscou, antes de tudo, conhecer seus universos, linguagens e necessidades. Para isso, criou espaços de diálogo e escuta, até chegar ao desenho do que viria a ser o Projeto Rappers.

Nesse sentido, podemos dizer que a perspectiva freiriana de palavramundo, segundo a qual "existir, humanamente, é pronunciar o mundo", foi adotada nesta iniciativa. Pronunciar o mundo é ter a possibilidade de construir a consciência a partir da própria realidade vivida e, assim, organizar sua intervenção nele (Freire, 1997).

Durante o Projeto Rappers, foram realizadas duas oficinas com a antropóloga e especialista em educação, diversidade, relações raciais e equidade, profa. dra. Nilma Lino Gomes. O primeiro seminário teve como tema "Os jovens *rappers* e a educação formal: qual é o papel da escola" (1993) e o segundo seminário "Os jovens *rappers* e a educação formal: discutindo e analisando a escola" (1993). Nestes encontros, os *hip-hoppers* tinham protagonismo nas discussões sobre suas expressões culturais e a educação formal. Ao longo dos seminários, eles trazem relatos de como a escola ignora a presença de estudantes negros e negras, assim como o repertório social e cultural que eles trazem para esse espaço; não se posiciona e se silencia diante das situações de racismo sofridas por esses alunos; não enfrenta a desigualdade de tratamento dos alunos baseada na raça/cor praticada por docentes; e não tem uma estratégia curricular que aborde a experiência da população negra, elementos da história e cultura africana e afro-brasileira. Como exemplo, apresentam histórias pautadas em suas vivências escolares e relatam casos de alunos que deixam de estudar em decorrência do racismo presente no cotidiano escolar. Temas como educação de qualidade, perspectivas de atuação e trajetória profissional e retenção escolar também são objetos de discussão ao longo dos encontros.

O resumo desses encontros deixa evidente que esses jovens, inseridos no espaço escolar, elaboram uma reflexão crítica sobre suas experiências. E aquilo que fazem fora da escola, ao praticar os elementos da cultura Hip Hop, se opõe a essa experiência de exclusão e os engaja em agendas políticas e sociais. Christopher Emdin (2018) aponta que "a linguagem da justiça social e a relevância cultural" trazidas e utilizadas pelo Hip Hop no processo educacional são ferramentas importantes para quem busca desenvolver um trabalho com equidade. Os educadores do Hip Hop utilizam a música, a arte e a cultura Hip Hop como âncora para estabelecer a justiça social e a relevância cultural do ensino (Emdin, 2018, p. 4). Nesse sentido, a pedagogia Hip Hop valoriza as pessoas como elas são, considerando a sua origem, os elementos que envolvem o seu contexto sócio-cultural e as formas como veem o mundo.

Emdin (2018) destaca ainda que a pedagogia Hip Hop desafia os moldes tradicionais da educação, os quais precisam ser redefinidos para romper com um ciclo de massacre emocional e intelectual da juventude negra, pobre e periférica. O que muitas escolas veem como sucesso, a pedagogia Hip Hop vê como falha, ou seja, muitos daqueles que estão sendo jogados para fora da escola são considerados gênios no Hip Hop por sua capacidade criativa. Enquanto o modelo tradicional da escola busca formar de maneira instrutiva e subserviente, a Pedagogia Hip Hop permite aos jovens a desenvolverem autopercepção e a conhecerem e se orgulharem da sua história e passado silenciado.

The #HiphopEd(ucator) makes it public that blind enculturation is a chief task of schools for urban youth of color and reimagine out loud what schools would/could look and feel like if Hip Hop was the chief tool that guides instruction. We reject any pedagogy whose aim is to indoctrinate youth into norms that do not serve their interests or reflect the cultural norms of their communities. Rather, we highlight the pedagogical practices that are inherent yo Hip Hop, and then provide evidence for how they have positively impacted youth. In this process, we highlight the ways that traditional schooling has convinced many who were raised in and by Hip Hop to abandon or ignore the Hip Hop within them. (Emdin, 2018, P. 6)

Tradução livre: O #HiphopEd(ucator) torna público que a enculturação cega é uma tarefa principal das escolas para jovens urbanos de cor e reimagina em voz alta como as escolas seriam se o Hip Hop fosse a principal ferramenta que orienta a instrução. Rejeitamos qualquer pedagogia cujo objetivo seja doutrinar os jovens em normas que não atendam aos seus interesses ou reflitam as normas culturais de suas comunidades. Em vez disso, destacamos as práticas pedagógicas inerentes ao Hip Hop e, em seguida, fornecemos evidências de como elas impactaram positivamente a juventude. Nesse processo, destacamos as maneiras pelas quais a escolaridade tradicional convenceu muitos que foram criados no Hip Hop a abandonar ou ignorar o Hip Hop dentro deles.

Geledés Instituto da Mulher Negra, por meio Projeto Rappers, potencializa a existência da pedagogia da geração Hip Hop ao adotar os seguintes passos no contato com seus protagonistas:

- Valorizar as produções e as formas como aqueles jovens faziam a sua leitura de sociedade.

- Estabelecer um diálogo intergeracional com aqueles jovens, conectando experiências de diferentes gerações.

- Criar conexões entre as lutas dos diferentes tempos históricos, estabelecendo a noção de legado e se abrindo para as novas formas de pensar e agir que darão continuidade à transformação da sociedade.

- Propor o desenvolvimento de um projeto que tem como ponto de partida as ideias, os interesses e o repertório social, cultural e político dos próprios jovens, sendo eles os responsáveis pela sua elaboração e execução.

- Compartilhar ferramentas e conhecimentos técnicos de acordo com as necessidades e as oportunidades que se apresentam ao longo do projeto para o desenvolvimento dos jovens.

Esse contato institucional com o Hip Hop, pelas temáticas que esse movimento traz para o debate público, envolvendo reflexões sobre a história, leitura crítica da realidade e construção de projetos e novas expectativas de vida, demonstram à Geledés Instituto da Mulher Negra que a geração Hip Hop extrapolou os limites impostos por uma sociedade excludente. Hoje, os *hip-hoppers* estão produzindo e articulando conhecimentos que podem contribuir para as diferentes áreas de conhecimento, como história, geografia, física, química, matemática, sociologia, artes, entre outras. Isso ocorre porque praticar os elementos da cultura Hip Hop exige cálculo, habilidade, segurança, reflexão, leitura e desenvolvimento de técnicas.

A produção do *rap* envolve a observação e a leitura sociohistórica, a tecnologia de produção e programação musical com samples e colagens musicais, além de uma escrita que conecta o cenário, a análise crítica e as perspectivas sobre o problema abordado. Já o graffiti requer um domínio simultâneo de traços, cores e química, expressando a valorização de identidades marginalizadas e suas ideologias que, além de projetadas nas paredes das cidades, ganham espaços em museus ao redor do mundo. O breaking, por sua vez, hoje inserido nos jogos olímpicos mundiais, exige conhecimento sobre o corpo, noção de espaço, interpretação da performance do grupo ou do sujeito rival, respostas criativas e comunicação corporal.

Além de todas essas competências e habilidades, o Hip Hop reposiciona os sujeitos no mundo ao propor um olhar minucioso sobre o contexto no qual estão inseridos e, também, fora deles – já que elaboram uma leitura negra e periférica não só sobre seus territórios e grupos, mas também sobre a sociedade em geral. Esses sujeitos são provocados a elaborar narrativas do cotidiano, que apresentam as seguintes características: 1. destacam realidades que se configuram como fontes potentes de oposição às práticas institucionais de silenciamento e às ideologias de contenção, evidenciando temas como as relações de poder e as desigualdades; 2. são expressas por meio de linguagens que possibilitam a liberdade criativa, como a música e a poesia, conferindo à cultura um potencial de mobilização política; e 3. produzem corpos dissidentes que, em sua totalidade, não correspondem às crenças, aos valores e à estética dominantes. Os corpos dissidentes podem ser compreendidos como potenciais transformadores da nação ou como inimigos públicos do modelo hegemônico. Diante da sociedade, seu potencial subversivo, em um primeiro momento, pode assustar, mas a proximidade das suas narrativas com a vida e o cotidiano ganha adeptos, mesmo que de forma silenciada. Não são apenas vozes contestadoras ou narradoras de fatos, são também proponentes de um novo projeto de sociedade (Santos, 2019).

Essas narrativas do cotidiano buscam compreender o passado para interpretar criticamente o presente e, sobretudo, elaborar perspectivas sobre o futuro. Nesse sentido, a história desempenha um papel fundamental no pensamento dos ativistas do Hip Hop. É por meio da história que a diáspora negra busca fundamentos para uma mudança de paradigmas, pois os fenômenos históricos revelam: a. ideias e fatos silenciados pelo colonialismo, escravidão e sistemas de segregação racial; b. o protagonismo e as contribuições dos povos africanos e afrodescendentes para o desenvolvimento da humanidade; e, assim c. reposiciona corpos negros que foram desumanizados pelo racismo – o que, nas palavras de Steve Biko (1990), representa a recuperação de uma humanidade roubada.

Nesta perspectiva, a Pedagogia Hip Hop se insere no que se entende como pedagogia crítica. Dias (2018) destaca que a pedagogia crítica se propõe a estimular e ensinar os alunos a questionar como estão sendo educados na escola. Em um primeiro momento, o aluno compreende que ele faz parte de uma sociedade e depois começa a analisar os problemas dessa sociedade para, em seguida, sugerir modificações em sua estrutura" (p. 150). Para a autora, a Pedagogia Hip Hop oferece uma passagem para a cidadania por meio de uma abordagem multidisciplinar que envolve acesso ao conhecimento de diferentes áreas e estimula o pensamento crítico e o engajamento social.

Na experiência do Projeto Rappers, os *hip-hoppers* desenvolveram uma metodologia de formação própria que fomentava as suas produções a partir de uma rede de relações e referenciais relacionados à cultura e história afro-diaspórica e africana, difundindo-as por todo o país por meio da revista *Pode Crê!* Dessa forma, criaram um novo referencial sobre as ações educacionais relacionadas ao Hip Hop. O percurso formativo contínuo tem as seguintes características:

- ▶ Observação da realidade e questionamento sobre as condições sociais colocadas no presente.

- ▶ Estudo dos fatores sociohistóricos que explicam o presente a fim de tirar dos sujeitos a responsabilidade pelas condições sociais a que estão estabelecidos e compreender o problema de uma perspectiva estrutural.

- ▶ Mobilização do conhecimento sobre o passado e a dimensão crítica do presente para construir novas perspectivas do futuro.

- ▶ Os saberes elaborados a partir dessa tomada de consciência são narrados como experiências coletivas e transformados em expressões artísticas, seja no rap, no breaking ou no graffiti.

- ▶ A identificação de outros sujeitos negros e periféricos com as narrativas produzidas pelos *hip-hoppers* traz novos adeptos para o movimento.

- ▶ Para reunir pessoas em torno de pautas e ações comuns, fortalecem a atuação coletiva por meio das Posses, onde trocam conhecimentos, constroem consensos e dissensos e elaboram ações de intervenção política e social em suas comunidades.

- ▶ Buscam aprimorar seus conhecimentos, competências e habilidades artístico-culturais para praticar os elementos da cultura Hip Hop.

- ▶ Organizam atividades culturais para difundir suas produções e outros elementos da cultura afro-diaspórica que estão em diálogo.

Esse ciclo passou a se repetir em diferentes territórios brasileiros, sobretudo nas Casas de Hip Hop ou nos espaços de encontro das Posses, onde a prática e a difusão dos elementos MC, DJ, breaking e graffiti se configuram como atividade educativa que proporciona o acesso e alcance às diversificadas áreas e formas de conhecimento. Assim, os ativistas do Hip Hop passaram a posição de Educadores do Hip Hop.

Emdin (2018) define como #HiphopEd(ucators) aqueles que possibilitam espaços nos quais os jovens possam: 1. erguer a sua voz e compartilhar o que tem lhe afetado; 2. empoderar-se; 3. valorizar suas potências e excelência; e 4. construir uma contra-narrativa sobre a definição hegemônica de juventude e de culturas juvenis negras e periféricas. Dessa forma, ao propor novas formas de se pensar a educação, enfrentam estruturas estabelecidas responsáveis por gerar historicamente a exclusão desses grupos e perpetuar as desigualdades na educação.

VI. Considerações finais:

o legado do Projeto Rappers

Eu acho que o Projeto Rappers não acabou, as pessoas do Projeto Rappers continuam, entendeu? Operando, atuando nesses espaços com o referencial do Projeto Rappers, só que ocupando a cena de outra maneira. É que nem eu falo pra você, o Projeto Rappers deu um upgrade do ponto de vista político e de construção coletiva para esses jovens, que continuam na política, no palco, nos diferentes espaços. Muda o formato, mas as pessoas passaram por lá e mantêm o discurso, mantêm essa coerência, vão para a vida institucional e cultural, vão pra outros lugares. (Rafael Pinto, 2022)

Rafael Pinto, militante histórico do movimento negro, destaca que as experiências das pessoas que compuseram o Projeto Rappers após seu encerramento institucional configuram-se como uma continuidade da iniciativa, uma vez que ela fomentou trajetórias políticas e artísticas. Essas trajetórias, nas palavras de Racionais MC's, contrariaram as estatísticas ao desafiar um contexto de extrema violência e ultrapassar as fronteiras da cidade, saindo de seus territórios negros e periféricos para explorar um mundo de possibilidades. Quando chegaram à Geledés Instituto da Mulher Negra, os jovens ainda eram adolescentes ou tinham recentemente ultrapassado os 18 anos, e o desafio, como afirma Solimar Carneiro, "era não perder ninguém, e não perdemos ninguém". Da mesma forma, Sueli Carneiro aponta que

o resultado desse processo é uma das coisas que eu tenho mais orgulho, os riscos eram muito grandes, o projeto colocava risco da gente perder alguns daqueles jovens, perder para violência, perder para as drogas, perder para o tráfico, perder, né? Por tantas circunstâncias adversas que os jovens negros estão submetidos e a gente encerra o projeto sem ter uma perda, não morreu ninguém, ninguém foi preso, ninguém se perdeu, ninguém está encarcerado, muito pelo contrário, uma das coisas [importantes] para uma organização de mulheres e feminista como nós somos, [foi que] não tivemos um caso de gravidez precoce durante todo o projeto, então, são resultados extraordinários considerando as condições, mas sobretudo o destino desses jovens, né? (Sueli Carneiro, 2022)

Como primeira experiência de desenvolvimento de projeto institucional entre uma organização da sociedade civil e o movimento Hip Hop, na qual os protagonistas da ação eram os próprios *hip-hoppers*, o Projeto Rappers inova do ponto de vista político, cultural, formativo e pedagógico. Sueli Carneiro[10], no podcast Mano a Mano, afirma para Mano Brown que entendiam os jovens do projeto como a ponta de lança, pois "era a coisa mais revolucionária que existia em termos de contestação da ordem racial e de combate à violência racial, nós não tínhamos dúvidas que vocês eram isso. Então a gente incorporou o *rap* dentro de Geledés, as bandas e as Posses, convictas nisso. Mas a gente tinha que construir estratégias de proteção".

---

10   Episódio Sueli Carneiro, podcast Mano a Mano, 2022.

Como instituição que atuava em defesa dos direitos humanos, não tinha possibilidade de não responder às necessidades que os jovens traziam para a organização naquele momento. No entanto, o Projeto Rappers era diferente de tudo que Geledés vinha fazendo, como projetos na área de saúde das mulheres negras, litígio estratégico, denúncia de casos de racismo, entre outros. A estratégia, então, foi ouvir os *hip-hoppers* para desenhar a iniciativa a partir de suas perspectivas e necessidades, institucionalizar o Projeto Rappers, ensiná-los a gerenciar o projeto, escrever propostas, realizar ações e levá-los para dialogar com instituições que impediam sua circulação pela cidade, como a gestão do Metrô, o batalhão da polícia militar e as universidades.

Desta forma, podemos dizer que o diálogo com Geledés e a fundação do Projeto Rappers foram um primeiro passo de preparação sobre a identificação e defesa dos direitos e o estabelecimento de diálogo institucional no Hip Hop. Depois disso, diversas iniciativas foram realizadas com organizações da sociedade civil, Estado, partidos políticos, entre outras instâncias. O Hip Hop também passa a ter sua potencialidade e capacidade de mobilização e transformação reconhecidos em diferentes esferas da sociedade.

Geledés sempre foi uma instituição muito séria, então, isso deu abertura para esses diálogos, inclusive eu lembro que no começo da década de 2000, acho que era gestão da Marta Suplicy, eu ia para as escolas, né? Com o currículo de Geledés para conversar com mestres e doutores sobre políticas públicas, eu lembro do Marcio Pochmann participar dessa roda de conversa que era para pensar como inserir o jovem dentro da universidade, né? E aí posteriormente no governo Lula veio todas as políticas de inclusão educacional que era uma luta do movimento negro, mas que ela beneficiou pretos e pretas, jovens, indígenas e pobres, né? (Sharylaine, 2022)

[...] a partir daí que as pessoas começaram a ter credibilidade no movimento Hip Hop, que jovens negros no estado de São Paulo tinham direito à voz e fala, era para além das letras das músicas, era para além... e aí, ao mesmo tempo, obviamente, a força de vocês através do Projeto Rappers, a visibilidade do Projeto Rappers deu também a vocês as aberturas de conversar com o sindicato dos bancários, com o sindicato dos professores, com o PT, com o PCdoB, peraí gente, não dá pra gente pensar racismo mata e tals e tals, mas tem uma juventude aí que a partir do Hip Hop tá se organizando. (Deise Benedito, 2022)

O Projeto Rappers ofereceu insumos para que os jovens pudessem estabelecer diálogo com instituições locais, mas também participar de articulações internacionais, como as Conferências de Durban e de Beijing citadas no capítulo II. Um grande legado, poderíamos dizer, foi o diálogo com o Metrô para a realização da I Mostra Nacional do Hip Hop na estação São Bento, espaço de onde tinham sido expulsos pelas políticas higienistas da cidade. Clodoaldo Arruda, um dos fundadores do Projeto Rappers, afirma que essa iniciativa devolveu o Largo de São Bento para a cultura Hip Hop.

> *Nós conseguimos fazer o Festival São Bento, né? Que reuniu pessoas não só do território nacional, mas também da América do Sul e foi um festival pensado pelo Projeto Rappers para começar os diálogos políticos, esses diálogos começam aí porque a gente tem que conversar com o metrô, com o comandante da polícia militar, então, a gente começa a ter essas ferramentas para ir nesses lugares e iniciar diálogos. (Sharylaine, 2022)*

Um dos principais legados do Projeto Rappers foi a revista *Pode Crê!* que, além de ser a primeira publicação do Hip Hop brasileiro, era a única produção nessa categoria direcionada à população negra naquele momento histórico.. Ela: 1. contribui com a educação para as relações étnico raciais e ensino de história e cultura africana e afro-brasileira, ao trazer textos sobre racismo, biografias negras, trajetórias de projetos e histórias significativas para a temática; 2. divulga elementos da estética negra e de produtos direcionados à população negra; 3. coloca em evidência as produções artísticas e culturais da comunidade negra; e 4. difunde formas de praticar elementos e se organizar coletivamente no Hip Hop; e 5. conecta jovens negros com experiências compartilhadas (racismo e classismo) em todas as regiões do país.

> *A gente recebia carta falando "olha, eu fiz uma posse aqui no meu bairro", "tô cantando rap", "descobri um grupo de rap da cidade vizinha e nem sabia que tinha Hip Hop lá", acho que a gente ajudou a construir o que veio a ser o movimento de juventude periférica mais revolucionário que esse país já viu a ponto do Estado temê-lo, de verdade, e combatê-lo violentamente porque temia ele de verdade. (Clodoaldo, 2022)*

A formação dessa geração Hip Hop sobre as relações de gênero possibilitada por Geledés contribuiu para a inserção da temática nos espaços de diálogo e formação do movimento e para a organização das mulheres que nele atuavam. Como apontou Sharylaine, o Projeto Femini Rappers se constituiu como a primeira onda do feminismo no Hip Hop brasileiro. Mas esse era um assunto não apenas para as mulheres, mas também para os homens, que, assim como as meninas, recebiam formação sobre direitos sexuais e reprodutivos, paternidade responsável, desigualdades de gênero e protagonismo feminino.

A gente tava em uma organização de feminismo negro, então nós homens e mulheres do projeto tivemos toda uma formação sobre a questão de gênero, não preciso dizer o quanto o Hip Hop era machista, o quanto o rap era machista, o quanto nós éramos machistas também, e aí foi aí toda uma questão para nós e para as próprias rappers femininas também, uma questão de desconstrução de muitos conceitos, né? Culturais e sociais e tal, para depois reconstruir uma nova identidade, uma nova forma de pensar a questão de gênero, a questão da sexualidade, a questão da nossa masculinidade, né? Eeu acredito que a maioria de nós conseguiu refletir isso nos seus trabalhos artísticos e depois também na sua casa, com as suas companheiras e familiares. (Clodoaldo, 2022)

A Casa do Projeto Rappers, na Rua Fagundes, também se constitui como um importante legado da iniciativa, na medida em que ela desenha as bases do que viriam a ser as Casas de Hip Hop hoje espalhadas por todo o país. Neste espaço, jovens *hip-hoppers* tinham acesso a formações políticas e artísticas com referências nacionais e internacionais, realizavam debates sobre temas de seus interesses, acessavam livros, revistas, filmes e produções musicais – não só no universo do Hip Hop, mas também de toda a cultura negra –, intercambiavam suas produções culturais (como músicas, álbuns, fanzines), planejavam ações que realizariam em suas comunidades ou nos espaços centrais (como as sessões de cinema negro nas grandes salas da capital) e organizavam seus eventos artísticos-culturais que aconteciam em diversos espaços da cidade. As ações do projeto não se concentravam nesse espaço de encontro, mas ele se constituía como referência para a organização das ideias e das formas de intervenção que se materializavam em suas comunidades – as Posses e as bandas de *rap* que compunham o projeto eram provenientes dos extremos da cidade. Dessa forma, poderíamos dizer que o Projeto Rappers foi a primeira Casa do Hip Hop brasileira.

Sem dúvidas, o acesso à informação e o contato com grandes referências que se assemelham aos *hip-hoppers* produziram um processo de autoestima, autoconhecimento, autovalorização, autodeterminação que não se reduziu aos participantes do projeto, mas também alcançou de forma indireta as suas comunidades e aos outros territórios que alcançavam com as produções que realizavam para a revista *Pode Crê!* Dessa forma, tiveram a oportunidade de ressignificar sua trajetória, elaborar uma leitura crítica de sociedade com uma perspectiva de raça, classe e gênero e difundir suas ideias que, certamente, influenciaram a consolidação do Hip Hop em todo o território nacional. Depois do Projeto Rappers, passa-se a produzir camisetas, blusas, bonés e outros marcadores que estampavam os nomes de suas comunidades periféricas e de suas referências, contribuindo para a ressignificação dos estigmas relacionados aos seus locais de origem.

O Projeto Rappers também contribui para o reconhecimento do Hip Hop como um estilo de vida com linguagem, estética e posição política, o que abre possibilidade para que as pessoas possam frequentar os espaços exatamente como elas são, sem ter que se transfigurar para serem ouvidas pelas diferentes instituições onde precisam estar presentes ou com as quais têm que estabelecer diálogo.

Quando a gente poderia imaginar que uma pessoa pudesse entrar de boné em uma assembleia legislativa, em uma universidade, em uma câmara de vereadores, isso também é essa caminhada do Hip Hop; o vestuário, né? O bermudão que é quase uma calça, o tênis com meia ou sem meia, acho que é isso. Se a gente for olhar como a TV tá hoje, como os meios de comunicação está hoje, como eles estão é tão... o dia a dia, o coloquial já se distanciou, essa influência que acabou se inserindo na sociedade de diversas formas e que já tá invisível porque está no nosso automático, mas como essas influências se tornaram naturais para gente, no nosso modo de agir, falar, vestir, enfim.. (Sharylaine, 2022)

Dessa forma, podemos concluir que o Projeto Rappers tem como legado tantos resultados de impacto coletivo como individuais, relacionados à trajetória de seus integrantes. Isto porque, além de fomentar a atuação coletiva do movimento para a defesa de direitos e para o enfrentamento do racismo, possibilitou com que os participantes acreditassem em seu potencial, construíssem projetos de vida que desafiam o sistema capitalista e o racismo e vislumbrassem a ocupação de múltiplos espaços que lhes trariam melhores expectativas de vida.

Então esses jovens que hoje estão com 40 ou 45 anos, 48, 50 e 55 anos, que foram jovens naquela época, são sobreviventes dos grupos de extermínio, eles escaparam, eles desafiaram as estatísticas, eles estão no não-lugar que pertenceria a eles, o lugar deles seria uma vala na Vila Formosa ou no cemitério do Araçá ou no cemitério de Campo Grande. Então hoje, graças à luz desses jovens, muitos se tornaram mestres, doutores, professores-doutores, estão em universidades e isso é fantástico porque eles romperam com o projeto do fracasso, o projeto do fracasso tava posto pra eles e eles romperam. (Deise Benedito, 2022)

A gente viu quase todos se formarem, adentrarem a universidade, outros foram para a gestão pública desenhar política de juventude, outros se tornaram professores, tem diretor de escola, tem cientista político, né? Que hoje é gestor de uma grande fundação e passou por aqui, tem empresários que passaram por aqui, que se formaram, que chegaram crianças no projeto, crianças para nós, mas que chegaram muito jovens e hoje são empresários, então, a gente tem toda uma coisa muito exitosa, uma experiência muito bonita e exitosa, e ela influiu decisivamente em todas as outras propostas que emergiram posteriormente de trabalho, de organizações da sociedade civil e mesmo no âmbito governamental de trabalhar com o Hip Hop. (Sueli Carneiro, 2022)

[...] eu vou começar pelo clichê do Hip Hop salvou vidas, mas a partir da ótica do Projeto Rappers, eu não vi o Hip Hop só salvar vidas, eu vi o Hip Hop mudar a vida das pessoas, eu vi caras que começaram comigo cantando rap e hoje eles são empresários, gestores, professores, diretores de escola, educador, músico, gestor público, filósofo, sociólogo, escritores, né? E eu não to falando só de quem tava aqui trabalhando, tô falando de gente que o Projeto Rappers formou, gente que viu uma palestra nossa em alguma quebrada, em alguma escola, gente que viu palestras no nosso centro permanente de formações que a gente tinha todo sábado na Rua Fagundes na Liberdade. (Clodoaldo, 2022)

Proporcionou que a gente pudesse fazer uma história, contar uma história que está reverberando e que diversas pessoas se manifestam e falam dessa história até hoje, e que a gente tenha possibilidade de poder resgatar alguns momentos como esse e colocar ainda como exemplo para muitas pessoas porque é isso que a gente precisa, de referências para que

as novas gerações possam trilhar caminhos muito mais tranquilos e sossegados que a gente trilhou a partir dessa relação com o Geledés (Markão, 2022)

Ele nos instrumentalizou, então, nós tínhamos uma musculatura já fortalecida com o Hip Hop, mas a musculatura que o Projeto Rappers nos deu foi de velocistas, foi de profissionais, então, o legado é isso, foi uma experiência válida, que deu certo, então, eu acho que isso é o legado do projeto rappers: podemos alterar, podemos mudar, podemos cambiar a situação. (Chris Lady Rap, 2022)

O Projeto Rappers se encerra em 2002 devido à redução de investimento das fundações internacionais em organizações no Brasil com o argumento de que o plano real havia criado uma estabilidade social e promovido a redução das desigualdades, o que abriu portas para a crença de que o país poderia ser autossustentável em suas ações sociais. Ou seja, acreditava-se que o Estado brasileiro seria capaz de cobrir a lacuna deixada pelas agências financiadoras, o que não ocorreu e ocasionou uma crise institucional que levou ao encerramento de atividades e, em alguns casos, ao fechamento de organizações da sociedade civil.

> [...] o *Projeto Rappers era caro porque nós não tínhamos nenhuma fonte de renda e aí vocês vão dizer "ah, mas e a* Pode Crê!?*" A* Pode Crê! *era uma revista subsidiada porque nós resolvemos que não abriríamos mão de certo princípios, propagandas de indústria do tabaco ou do álcool não podiam fazer anúncios na* Pode Crê!, *qualquer outro produto, mas cujos modelos não fossem negros, não podiam fazer propaganda na* Pode Crê!, *produtos que patrocinavam de alguma forma algum tipo de violência contra a comunidade negra também não faziam anúncio na* Pode Crê!, *então, digamos que para uma revista negra sobre Hip Hop e com esse tanto de restrição para anunciantes, o número de anunciantes era muito escasso e não era suficiente para pagar o custo da revista, então o* Geledés *subsidiava a revista através desses seus financiamentos.* (Clodoaldo, 2022)

artística e musical. Os membros analisam de forma crítica que poderiam ter realizado uma renovação de quadros, mas a limitação de recursos impediu a continuidade das ações.

> *A partir desse momento cada um começa a procurar o seu rumo, cada um começa a ver dentro das habilidades que adquiriu nessa interação com o* Geledés *como isso poderia ser replicado em outros setores, o* Geledés *eu acredito que cumpriu o papel fundamental que foi dar asas para todo mundo. Quando todo mundo criou essas asas, as pessoas começaram a seguir outros caminhos porque uma coisa é a gente continuar discutindo os problemas que a juventude passa e não necessariamente essa discussão tem que ser única e exclusivamente pela ótica do Hip Hop.* (Markão, 2022)

Outro elemento que contribuiu para o encerramento do Projeto Rappers foi a nova dinâmica de vida dos participantes, que passaram a assumir outros compromissos de trabalho, estudo e familiares, o que, de certa forma, era estimulado pela própria iniciativa: que tivessem projetos de vida, autonomia e conquistassem diversos espaços na sociedade. Os projetos nesse processo de transição eram diversos: estudar, ir para a gestão pública, fazer militância política partidária, abrir um negócio, lecionar, realizar produção

VII. Trajetórias do Projeto Rappers

em Primeira Pessoa

ANTÔNIO CARLOS ARRUDA

Eu sou Antônio Carlos, o Arruda, advogado e administrador atuante no movimento negro desde a década de 1970. Fui um dos responsáveis pela instalação do S.O.S Racismo em Geledés Instituto da Mulher Negra. Como membro da organização, tive a possibilidade de ir para a Universidade do Texas, onde fiquei um ano fazendo curso de análise e planejamento de políticas públicas e um curso de história e raça no Brasil.

A boa lembrança que eu tenho do projeto me remete ao período em que eu fui professor de direito constitucional. Eu dava aulas à noite em uma dessas universidades onde as salas de aula costumavam ficar lotadas, mas felizmente meus alunos até hoje fazem festa comigo. Quando o pessoal começava a cochilar, chegando diretamente do trabalho e encontravam um professor chato falando sobre direito constitucional, eu às vezes soltava um refrão de um *rap*, e uma boa parte da turma sabia e acordava, cantando junto. Eu achava um barato, entendeu? Essa é uma das lembranças que tenho do projeto, porque sempre me lembrava de alguém e, às vezes, até já tinha algumas músicas preparadas. Eu me lembro de um momento em que, há algum tempo atrás, um cara chegou e eu nem reconheci na hora. Ele apontou o dedo na minha cara e disse: "Os mano pô, as mina [...] vai professor pá". De vez em quando, consulto as memórias, vejo as revistas e acompanho os membros nas redes sociais. Essas coisas são legais e me marcaram.

CLODOALDO ARRUDA

Eu sou Clodoaldo Arruda, filósofo, rapper do grupo Resumo do Jazz e produtor musical. Estou envolvido na cultura Hip Hop desde 1988 e sou militante do feminismo negro desde 1992. Atualmente, estou tocando um projeto de multimídia chamado Arruda Crônico, que abrange Hip Hop, política, cultura, filosofia e comportamento, tudo isso nas redes sociais. Além disso, fiz parte do Projeto Rappers desde o início até o seu encerramento.

O Projeto Rappers foi responsável por moldar a pessoa adulta que sou hoje. Cheguei aqui com 18 ou 19 anos e saio agora, quase aos 30, né? Como pai e responsável por cuidar de uma vida que dependia de mim e de minha companheira para sobreviver. Assim, o Geledés forjou o pai e o companheiro que sou. Essas mulheres me proporcionaram formação, me ensinaram tudo que sei sobre política, movimento social e desenvolveram meu senso crítico. Por ter sido formado por uma organização de feminismo negro, acabei me identificando como militante do feminismo negro, algo que pode soar estranho para alguns, mas não tive outra escola além dessa. Aqui, a organização era composta por mulheres negras que formavam e lideravam tudo. Não era uma subcomissão ou desrespeitando quem atuou em outras organizações, mas essa foi a realidade do Geledés, onde fui formado pelo feminismo negro. Não é nenhuma presunção, mas se eu digo qualquer coisa diferente disso, eu estou mentindo.

O Projeto Rappers me ensinou a ser um músico melhor, a ser um compositor melhor, a ser um rapper melhor, sei lá, e aprender a debater, a enriquecer documentos, perder um pouco aquela petulância do "eu sei tudo" que todo jovem tem e começar do zero. Como diz a Sueli, você só vai aprender se você entender que você não sabe. Se você entrar na onda de que você sabe, o copo cheio não cabe mais nada, você precisa saber que o seu copo está vazio e receber aquilo que tem, na atuação acho que foi isso.

O desafio óbvio passa pela questão de gênero. Embora eu tenha sido criado por mulheres e tenha ajudado a criar minhas irmãs, mesmo embora meu pai e meu avô tenham sido ótimos no exemplos, que eles não eram pessoas violentas ou, sei lá, deselegantes com as mulheres da família, você tem a rua, você tem influência da cultura extrafamiliar. O mundo é machista, a tv é machista, o rádio é machista, o *rap* era machista, mas as outras músicas também eram machistas, então, você fica machista, né? Tem hora que não basta só dizer "eu nao bato em mulher" porque, cara, isso é o mínimo, né?

O grande desafio do Geledés era nos fazer compreender que essa postura não tinha lugar ali. Todos nós, homens que passaram pelo projeto, assim como as mulheres, aprendemos essa lição. As mulheres, em particular, muitas vezes eram vítimas de abuso sem nem perceberem, pois não entendiam que estavam sofrendo abuso e violência, ou acabavam naturalizando e reproduzindo esse comportamento em suas relações.

O Projeto Rappers também me possibilitou a oportunidade de conhecer outros países. Aqui no Mercosul, visitei o Uruguai, Paraguai e Argentina, conhecendo diferentes realidades. Pelo Geledés, tive a oportunidade de conhecer nove estados brasileiros, algo que, após o Projeto Rappers, não tive mais condições de realizar novamente. O Geledés também me permitiu conhecer músicos, militantes, escritores, intelectuais e pessoas de lugares, regiões e realidades que provavelmente não teria conhecido sem essa oportunidade.

CHRIS LADY RAP

Meu nome é Cristiana Batista e sou oriunda do Hip Hop – obviamente porque essa é a questão aqui –, do grupo Lady Rap. O Lady Rap nasceu em meados dos anos 1980 e foi um dos primeiros grupos totalmente feminino com DJ e *rappers* sendo mulheres, né? E a questão que sempre me norteou mesmo nessa caminhada foi a questão das mulheres. Eu sempre prezava muito por isso, da gente poder ter mulheres do início ao final do produto do Hip Hop e conseguimos fazer algumas coisas.

Foi o Projeto Rappers e as mulheres do Geledés que basicamente me moldaram, e a partir disso segui com minha vida. Estive envolvida com o Partido dos Trabalhadores, outra organização é uma ONG. Por quê? Porque eu tive essa base, todas as oportunidades dentro do movimento negro e dentro da política foi por conta do Geledés e até mesmo a visibilidade que tínhamos dentro do Projeto Rappers. Então, todas as oportunidades que tive, mesmo que indiretas e não diretamente relacionadas ao Geledés, tiveram uma influência indireta ali. Elas me deram uma base e tem um significado muito importante e um carinho especial por isso, porque essa organização lançou as bases para muitas coisas na minha vida.

O Projeto Rappers foi o que me deu embasamento para ser quem sou, me fez ver quem eu era e quais eram as possibilidades que eu tinha pela frente na vida e no que eu estava fazendo. Por exemplo, eu não sabia que era feminista, mas o Projeto Rappers me disse: "você é feminista", entendeu? Eu já sabia que era preta, já tinha orgulho de ser, pois nasci na década de 1970, mas acontece que eu tinha os meus tios black, calças boca de sino, funk, escola de samba, tinha uma questão racial ali, mas não tinha o entendimento do que era. Então, o Projeto Rappers foi onde o caldo começou a engrossar e, é óbvio, que tem toda uma vida aí, mas o Projeto Rappers me deu a base.

Esse projeto me deu uma base. Eu já era uma pessoa forte e corajosa, mas ele me tornou ainda mais corajosa, porque o que enfrentei depois, se não tivesse um pouco dessa base que criei dentro do Projeto Rappers para entender os mecanismos do machismo e do racismo, teria sido mais difícil. Acredito que, talvez, se eu tivesse me envolvido diretamente com o Hip Hop sem passar pelo Projeto Rappers, não teria esse entendimento e essa força toda, entendeu? Provavelmente não. Em algum momento eu ia conhecer o feminismo e a questão racial, não tinha jeito, mas a qualidade dessa informação talvez fosse alterada.

DEISE BENEDITO

Sou Deise Benedito, advogada, especialista em Relações Étnico-Raciais, Gênero, Segurança Pública e Sistema Prisional, mestre Direito e Criminologia pela UnB e ex-perita do Mecanismo Nacional de Prevenção e Combate à Tortura. Fui fundadora de Geledés Instituto da Mulher Negra.

Quando eu tenho contato com o movimento negro, quando eu começo a participar a me identificar, eu começo a contribuir. Venho discutindo a questão da segurança pública, especificamente a questão da violência contra a juventude negra, porque eu vivenciava aqueles corpos ali sendo violentados em minha comunidade desde a infância. Então, quando eu tenho o primeiro contato com os jovens *rappers*, eu falei: "não, agora é a chance da gente virar, é a chance que esses meninos têm porque agora eles estão contando a experiência deles, quer dizer não somos mais só eu e um outro, agora é jovem falando nós estamos sendo mortos"

Completo 40 anos de envolvimento no movimento negro, comecei aos 23 e estou indo para os 63. Muitas coisas aprendi com Sueli, com Edna, com várias pessoas como Maria Lucia da Silva e Solimar. Todos me ensinaram um pouco na vida, não se nasce inteiro sabendo de tudo. Então, eu penso que o grande desafio para mim foi ter passado pelo Projeto Rappers, que foi de fundamental importância porque me senti representada nas palavras de vocês, no movimento de vocês. Hoje, quando vocês entram em contato comigo, fico super feliz e emocionada, porque é um reconhecimento.

FLÁVIO CARRANÇA

Eu sou Flávio Carrança, jornalista, paulistano nascido no bairro da Lapa em 1952, e participei do Projeto Rappers, particularmente, da revista *Pode Crê!*, onde eu fui diretor de redação durante todo o período em que a revista foi feita.

Eu acho que o Projeto Rappers foi importante para a minha trajetória. Antes dessa experiência, eu já havia tido contato com o movimento negro, como quando atuava como jornalista responsável pela revista do MNU (Movimento Negro Unificado). Eu não era um profissional na figura de editor, eu era jornalista com registro no Ministério do Trabalho, contribuindo com algumas matérias de vez em quando. Eu tinha escrito algumas coisas para o jornal *O Trabalho* sobre a formação do MNU e a condição do movimento negro, além de outras publicações para a revista *Raça* e para aquela revista Programa Brasileiro do SESC, abordando temas como literatura negra e ações afirmativas. No entanto, não tinha uma experiência com vínculo profissional.

Então, foi a primeira vez que tive uma experiência com um vínculo profissional, que durou aproximadamente dois anos e foi intensa, porque envolvia conviver com vocês e com o meio do Hip Hop. Era uma experiência completamente diferenciada daquela que eu tinha nas redações de jornais, porque primeiro era no meio da branquitude e depois tem a questão da restrição para abordar temáticas relacionadas à população negra e ao Hip Hop nem pensar naquele período, mas ali não era só a questão do Hip Hop, era essa vivência, esse universo que foi enriquecedor e que, certamente, de alguma maneira me libertou daquilo que eu vinha fazendo previamente.

GUINÉ

Sou Wagner Luciano da Silva, conhecido como Guiné, filho da Vera e do Luis Carlos na Vila Prudente, nascido em 1974.

Sou um menino preto que cresceu em uma região da cidade que era próxima do centro, mas que tinha características de zona rural, a Vila Prudente, que hoje é um bairro da classe média. Naquela época era um bairro de classe média baixa operária.

Minha entrada na universidade se deu principalmente através do Hip Hop. Foi por meio das expressões do Hip Hop que comecei a atuar junto com amigos da posse que eu fazia parte em escolas e espaços educativos. Me tornei educador a partir das linguagens do Hip Hop, como a poesia, a dança e o graffiti, buscando estimular a reflexão entre a juventude das quebradas de São Paulo.

O Hip Hop promoveu a reflexão para diminuir um pouco o meu ódio, as armaduras da minha raiva e me possibilitou uma conexão com pessoas que até então estavam muito distantes da minha realidade. O contato com essas pessoas e mais pessoas dentro do Hip Hop e do movimento negro foram me estimulando para essa entrada na universidade.

O Projeto Rappers e o Geledés foram muito importantes nesse sentido de poder apaziguar minha raiva, apaziguar minha dor e poder contribuir, me ajudar, a partir de tudo que acontecia nos debates, na troca de ideia com as pessoas com quem eu podia mais do que realmente expor minha raiva e tentar colocar de uma forma violenta, eu podia ser violento com a minha arte, a partir das minhas palavras, mas eu teria que usar uma outra estratégia para poder conquistar isso. O Projeto Rappers começa a contribuir comigo a partir deste lugar.

Entrei na universidade em 2003/2004 e me graduei em 2017, o que levou mais de uma década. Foi um período muito difícil. Eu me lembro de que, ao concluir a graduação, minha vida começou a avançar profissionalmente. Já tinha uma carreira consolidada como educador em diversos espaços na cidade, e a conclusão da graduação abriu novas portas para mim. Então, o Guiné é um reflexo de todas essas experiências. Me formei em Ciências Sociais na Universidade Federal de São Paulo, campus Guarulhos, em 2017 e, atualmente, trabalho na gestão de programas e projetos sociais na Fundação Tide Setubal, onde estou há 12 anos.

KALL DO VALE

Meu nome completo é Carlos Alberto Alves de Souza, estou com 49 anos, sou oriundo da Zona Sul de São Paulo, mais conhecido como Kall do Vale. No final dos anos 80, a partir de 86, eu e mais quatro amigos do bairro decidimos nos reunir no Vale das Virtudes, onde minha mãe mora. Ali, a gente começou a se reunir aos finais de semana para ouvir música, porque não tinha um espaço de lazer para se encontrar. Ao mesmo tempo, a gente ia para festas e bailes da quebrada. Isso, naquele período, já era bastante coisa e quem diria que hoje, aos 49 anos, eu estaria formado em Ciências Sociais, professor de Sociologia e de alemão, morando praticamente 17 anos fora do Brasil.

Eu me vejo no coletivo. Acho que não teve uma contribuição individual, mas dentro do coletivo eu trouxe minha realidade, meus sonhos, experiências de vida, olhar, expectativas que eu tinha, o que eu tinha vivenciado até ali. Eu era uma pessoa no Capão que todo mundo via como referência. Pensando nas experiências, lembro de levar experiências e oficinas do Projeto Rappers para a zona sul. Minha contribuição no coletivo foi tornar o Projeto Rappers e o Geledés mais conhecidos, ao mesmo tempo que compartilhava as informações que eu vivenciava. O Projeto Rappers aglutinava informações das bases, do que acontecia nas periferias. Eu sempre fui o cara que articulava as coisas. A gente perdeu muita gente, tinha muito uma ideia de precisar cruzar a ponte.

Uma fala do Rafael ou da Sueli era "a gente precisa de referências vivas, a gente não precisa de preto morto, precisamos de vocês vivos". E a gente pensava muito no coletivo. A minha ascensão não podia atropelar o Clodoaldo. Sempre consultava um ao outro. Era muito importante o aval do coletivo, se sentir uma família e compartilhar esse princípio era muito importante. E o sonho de gravar um disco, uma exposição de museu, ver instalação de graffiti em galeria, breaking em um teatro, isso a gente ainda não conheceu, a cultura só tem credibilidade quando o branco chega.

O Projeto Rappers tem o mesmo peso que teve o lançamento de três coletâneas fundamentais para apresentar a música e os artistas do Hip Hop que vinham dessa nova cultura jovem no final dos anos 80 e começo dos anos 90. Eles têm seu valor significativo. O Projeto Rappers foi o norte, a conexão, o meio de campo para o encontro de várias pessoas que vinham de várias partes de São Paulo e do Brasil. Tivemos pessoas vindo de Brasília, Sul, Rio de Janeiro, Maranhão. O Projeto Rappers foi a célula que trouxe uma consciência cultural e política, além do questionamento e embasamento político de como questionar para além das equipes de baile. Foi uma grande posse, onde foram apresentadas as primeiras concepções do que era essa cultura. Tivemos cartilha, revista, documentário. O Projeto Rappers foi um polo da construção de profissionais, uma produção negra e periférica da arte contemporânea que estava sendo invisibilizada.

Foi uma escola de formação para mim. Tive conhecimento político e ainda me formo, né? Foi onde pude me ver bonito, me sentir pessoa. O Projeto Rappers faz parte da família de rua que eu tenho. O Projeto Rappers me deu a possibilidade de viver, de viver com calma.

Trago vários desafios. Como temos uma estrutura excludente no Brasil, ter muita informação é viver numa caixinha de fósforo. Muita informação me afastou muito da realidade daquele condicionamento de morar na periferia. Nos anos 80, entendíamos que morar na favela não era algo bom. Recebemos muita informação e era duro ver meus pares, amigos, vizinhos aceitando o condicionamento e a submissão sem nenhuma crítica. Isso me afastou de muitas pessoas, como se não vivêssemos a mesma vida.

O lado positivo era me sentir viável, possível, sonhador, né? Com todas as dificuldades que isso significa, mas me sentir viável por encontrar pares, por ter descoberto um mundo que eu desconhecia. Sou filho da Ana Maria, empregada doméstica que saiu da casa da patroa porque o filho da empregada pegou um Danone na geladeira. Poder encontrar possibilidades dentro de um espaço que eu curtia foi um grande ganho. Talvez eu não estivesse vivo mesmo. Vamos falar de vida e das possibilidades. Nós choramos juntos. O que eu não quero para mim, não quero para meu semelhante. Aprendi a pensar muito no coletivo.

Era uma dicotomia ir para o centro, ter todas essas informações e voltar para a periferia. Me possibilitou viver na Alemanha, conhecer Inglaterra, França. A Conceito de Rua possibilitou muitos intercâmbios internacionais, fez festivais internacionais, grupos foram para Europa, América Latina e isso se deve também ao Projeto Rappers. Eu sou fruto disso.

ANTONIO CARLOS DOS SANTOS FILHO (KK)

Meu nome é Antonio Carlos dos Santos Filho, e desde que eu entrei aqui em Geledés, em 1990, as pessoas me chamam de KK. Por consequência, assumi esse nome em todos os lugares e para o resto da minha vida.

Eu acho que os momentos mais incríveis que eu tive no Projeto Rappers era quando chegavam as encomendas de discos internacionais que a gente fazia. Era uma coisa que reunia todo mundo em uma mesma vibração para curtir a música. Chegava um disco que uma turma gostava, chegava um outro que outra turma gostava, e aí a gente se reunia e ouvia juntos, né? Ouvíamos até a exaustão. Eu sempre conto essa história de como é receber a caixa cheia de álbuns que vinham de fora, que a gente encomendava. Isso é uma memória muito afetiva que eu tenho, abrir as caixas e ficar curtindo, aprendendo e aí conhecendo, né? Lembro, por exemplo, de grupos como o Black Sheep, que tenho na minha playlist até hoje. É um disco dos anos 90 que é muito especial para mim. Faz parte da minha memória afetiva e é muito legal assim, né?

O Projeto Rappers, com duas ou três revistas, criou uma base, criou a realidade de que tem alguém que fala comigo ou para mim. A iniciativa de fazer show na rua, alugar um espaço para fazer show, tudo que não existia e tudo que era muito vinculado a um ou dois grupos, possibilitou que grupos diversos tivessem que se preparar para fazer um show. Eu acho que é multiplicador, acho que é essa a palavra que eu quero usar. É multiplicador.

MARKÃO

O meu nome é Marco Antônio da Silva, sou mais conhecido como Markão 2. Sou integrante do grupo DMN e do grupo Realidade Cruel. Pelas andanças do *rap*, também me envolvi muito com a militância do movimento negro e de instituições políticas. Já fui gestor no município de São Paulo da primeira secretaria de igualdade racial, e estamos aí na música até hoje, na luta por dias cada vez melhores para o nosso povo preto.

A contribuição do Projeto Rappers para a minha trajetória é fundamental em todos os aspectos. No meu desenvolvimento como agente político, como uma pessoa que passa a acreditar que, para além das composições que denunciam uma série de problemas, a gente tinha que ter uma intervenção política. Através da minha interação com o Geledés, entendi que também tinha potencial para ser alguém no quadro de agentes políticos dentro de um partido político, por exemplo, como militante. Essa interação com o Geledés me potencializou para começar a desenvolver minha caminhada dentro de um partido político.

No que diz respeito à questão profissional, é o que me deu base para eu conseguir discutir, por exemplo, sendo chefe de gabinete da primeira secretaria de promoção da igualdade racial da cidade de São Paulo, é o que me dá base para poder dialogar com vários outros setores da sociedade e com várias outras entidades do movimento negro da cidade de São Paulo, e fazer uma gestão que eu considero boa, bacana, uma gestão que teve resultados. Além disso, essa interação com o Geledés me possibilitou conhecer outras entidades, outros atores, outros militantes da causa do povo preto. Desenvolvi amizades, relações de trabalho e conquistei o respeito dessas pessoas. Em qualquer lugar que eu vá, vou dizer que minha formação política passa e se inicia pelo Geledés Instituto da Mulher Negra. É um cartão de visita que estabelece um olhar diferenciado e uma credibilidade ímpar.

É inegável que, nesse sentido, para me relacionar com outros movimentos, com pessoas de outras entidades de movimento negro, a minha passagem pelo Geledés, conversando bastante com todas as mulheres de Geledés, me deu a possibilidade de ter muito respeito com esse intercâmbio fora da entidade. Por outro lado também, me ajudou musicalmente a crescer, a desenvolver melhor as minhas composições e me sentir mais seguro quando vou elaborar alguma canção que tenha esse conteúdo mais voltado para denúncia, mais voltado para contextualizar os problemas que o povo preto ainda passa no Brasil.

De uma forma geral, essa minha passagem pelo Projeto Rappers e Geledés Instituto da Mulher Negra me deu moral para todos os outros campos da vida que eu já me relacionei e pretendo me relacionar. Só tive ganhos nessa interação.

MAX

Meu nome é Maximiliano Barbosa Benanse, mais conhecido como Max do DMN em alguns lugares, e agora como Max apresentador, já que não faço mais parte do DMN. Hoje empresário, rapper uma vez, rapper para toda vida, esse sou eu, 48 anos seguindo em frente.

O Projeto Rappers, para a minha trajetória de vida, foi o alicerce, ele me deu uma base, ele tinha uma base muito forte para quem estava inserido dentro da iniciativa. Nós não éramos apenas *rappers* que pegavam a grana e dividiam igualmente. Tínhamos que pagar por van, pela estrutura, e o Projeto Rappers foi de grande ajuda nesse sentido. Até hoje, levo essa mentalidade para minha empresa e produtora, garantindo que as coisas aconteçam dentro de um organograma.

A maior oportunidade e experiência que eu tive no Projeto Rappers foi poder me expressar. Eu sou um cara que falo mais que a boca, mas quando você está em um espaço de pessoas todas da mesma faixa de idade, 19, 20 anos, 16, 15 por ali, você ainda não tem o poder de expressão muito grande e se sente uma pessoa tímida ou você fica na sua quietinho. Mas no Projeto Rappers a gente tinha o poder de fala e era perguntado Max, fala agora", "Cláudio, fala agora", "Roberto, fala agora", "Cicrano, fala agora". Ali eu conseguia ter espaço, falar e ser ouvido. Abriu meus caminhos para ser realmente um mestre de cerimônia, e hoje apresento diversos eventos, sou apresentador de eventos de forma profissional, locutor em alguns momentos porque eu tive esse espaço no Projeto Rappers. O poder da fala ajuda muito a gente a se desenvolver.

MC REGINA

Meu nome é Regina, Regina Neusa Dias Rosário, mais conhecida como MC Regina. Atualmente, sou professora e também atuo como microempreendedora no ramo da alimentação. Estou no mercado do empreendedorismo há 3 anos, realizando meu sonho nessa área. Concilio meu trabalho na sala de aula com meus projetos pessoais. Nasci e cresci na região de Parelheiros, zona sul de São Paulo, uma área urbana e rural onde tudo começou.

O Projeto Rappers contribuiu mais comigo do que eu com ele, por ter me formado uma mulher militante negra ativa na região. A minha contribuição foi importante, porque matuta do jeito que eu era, mas com poucas informações, eu consegui contribuir e levar uma coisa que eu ouvia muito da Deise: "Regina, você tem muita força, você vai longe, você continua assim, você vai trazer outras mulheres, a sua vida não para por aqui".

Eu sabia o básico, não tinha consciência, vamos dizer. Lutava por algo, mas sem ter consciência daquilo. A gente sofria na pele o tal preconceito que ninguém dizia que tinha. Desculpa falar desta forma é que eu fico bastante indignada, porque não se tinha um diálogo aberto para falar "olha, eu fui beliscada, pegaram no meu cabelo, me chamaram, passei na rua e falaram 'olha a neguinha do cabelo duro'", tinha essas músicas e tal. Nós sofremos muito isso no caminho da escola, na escola, na comunidade. Minha família era muito humilde, vivíamos com dificuldades, não tínhamos o básico para viver. Mas conseguimos quebrar esse paradigma, mudar nossa história, e me orgulho muito disso.

O Projeto Rappers surgiu em um contexto em que os jovens negros já sabiam da importância de seu espaço e tinham consciência disso. Eles precisavam de orientação sobre os direitos do povo negro e da juventude negra para terem voz ativa. Para mim, o Projeto Rappers abriu meus olhos e mostrou que eu tinha direitos garantidos por leis, que eu tinha acesso à cultura, ao lazer, à educação, à economia. Ele veio nos informar sobre esses direitos. Eu, vindo de uma família simples, não tinha conhecimento sobre a existência da Constituição, do ECA e dos direitos de que estávamos sendo privados. Eu tinha vontade, mas precisava de direcionamento, de firmeza, de pessoas que nos ajudassem a caminhar, a estruturar nossa casa. Estávamos cheios de vontade, mas continuávamos sendo mortos, apanhando. Quantos não perderam a vida dentro dos trens? Quantos não apanharam? Quantos não perderam a perna por conta da violência física da polícia, simplesmente por não saberem dos seus direitos? O Geledés, juntamente com o Projeto Rappers, veio nos trazer clareza: "Olha, galera, vocês têm direitos. Vamos pra cima, vocês podem falar, protestar, reivindicar, lutar", pois eu não tinha essa consciência na época. Eu não tinha esse conhecimento, não era apenas consciência, era conhecimento em si.

SHARYLAINE

Eu sou a Sharylaine, Sharylaine se escreve com 10 letras: S-H-A-R-Y-L-A-I-N-E, sou rapper, compositora, cantora, arte-educadora, produtora cultural e outras artes aí. A gente sempre está nos rolês. Eu comecei em 1985, que foi quando eu conheci a gangue de breaking Nação Zulu. Em 1986, fundei, junto com a CityLee, o "Rap Girls". Entrei no mundo da cultura Hip Hop e não saí mais.

Olha, eu aprendi a mexer no computador porque fiz um curso de computação. Eram uns computadores gigantes, com disquetes que eram quadradinhos flexíveis e tal. A melhor tecnologia que tive contato na década de 90 foi no Geledés, com internet, fazer meu e-mail, ter meu e-mail. Hoje parece uma coisa muito natural, até uma criança de 10 anos já faz um e-mail, mas é isso, né? Escrever melhor, e aí estou falando de texto, proposta, reunião... as pessoas falando, esperar sua vez, ouvir, anotar. Parece uma coisa boba, mas é muito importante quando estamos produzindo coisas. Ouvir o outro, discutir, quebrar o pau e depois ir tomar uma. Uma coisa que também aprendemos no processo e ter responsabilidade. Responsabilidade com as escolhas, os atos. O primeiro lugar em que ouvi falar sobre paternidade responsável, que acho que deveria ser uma disciplina na escola comum. Enfim, tem muita coisa que aprendi com o Geledés para minha vida pessoal e minha vida profissional também. Saí dialogando, fui discutir sem ter estudado ou feito uma tese sobre a inclusão dos jovens na universidade. Consegui ter uma base. Lembro do Geledés agendar na Faculdade São Marcos e eu, com outras pessoas, irmos discutir, falar de nós, falar do que fazíamos. Aquilo já foi meio que um exercício. Hoje falo olhando para a câmera como se estivesse falando com uma pessoa, que é esse processo de aprendizagem que passamos. A vida pessoal, vida profissional, minha vida como ativista cultural, social e política.

Esse foi um caminho de exercício para engajamento. Fui para a campanha eleitoral da Benedita da Silva e ali tinham intelectuais de todas as áreas. Ver isso lá em 90, assim... ver toda aquela intelectualidade negra, que era uma coisa que... tipo, isso não existe, isso poderia existir nos filmes americanos, mas no Brasil? Não existe porque eu não conheço. Aí você tem essa possibilidade de ter pensadores, pensadores que são próximos de você, são homens e mulheres pretos e pretas. E hoje, depois de 30 anos, avançamos muito. Me candidatei em 2016, quando vi em 2020 tinha um monte de pretinho e pretinha. Agora tem um movimento que diz que "nós precisamos nos representar" e que "representatividade importa". Acho que essas coisinhas que foram sendo jogadas na nossa mente e que passamos através de música ou não, para outras pessoas.

SOLIMAR

Eu sou Solimar Carneiro. Sou uma das fundadoras do Geledés Instituto da Mulher Negra. Hoje sou coordenadora-executiva. Fui duas vezes presidente da organização. Foram dois mandatos de presidente da organização. Por dez anos, fui coordenadora do Projeto Rappers, que é um projeto pioneiro com jovens integrantes do movimento Hip Hop na cidade de São Paulo. A gente deu o pontapé inicial para que proposta semelhante se desenvolvesse. Depois do Projeto Rappers, fui para a área administrativa e financeira. Mas hoje já temos uma pessoa que faz isso e muito bem. Então, hoje eu fico na pesquisa para o centro de documentação sobre a Sueli Carneiro.

Eu acho que nessa experiência, e falo isso com a maior tranquilidade, inovadora de trabalhar com a juventude, principalmente a juventude negra, combinamos duas vertentes: uma organização criada e dirigida exclusivamente por mulheres negras e o movimento *hip hop*, ambos absolutamente discriminados na sociedade. Então, acho que quando fazemos essa junção né, damos um alerta para que outras organizações pensem "opa! pode dar samba ou pode dar *rap* ou pode dar *reggae*". Eu acho que a partir daí, outras organizações começam a pensar também na pauta de trabalhar com a juventude negra e com a juventude do movimento *hip hop*. Acho que fomos pioneiros nisso. E pioneiros só porque também não foi uma criação espontânea, porque vocês acreditaram, né? O projeto acreditou numa proposta que a organização tem. E Geledés foi criado sob um tripé: direitos humanos, saúde e comunicação. E o projeto Rappers estava dentro do programa de Direitos Humanos da organização, que era o núcleo de conscientização e política. Nesse sentido, acho que conseguimos criar uma tal de simbiose. O projeto vai se deslanchando e ele vai sim impactando outras organizações. Isso, sem dúvida.

SUELI CARNEIRO

Eu sou Sueli Carneiro. Eu sou uma das fundadoras e coordenadoras executivas do Geledés. Então, faz exatamente 35 anos que estou nessa organização. No começo, fui a coordenadora do programa de Direitos Humanos, no qual o Projeto Rappers se insere.

Eu e as demais diretoras fomos provocadas por aquele chamado e nós poderíamos ter nos acovardado diante dos riscos que, insisto, o projeto sempre teve, mas saudações a quem tem coragem. Também não nos falta ((risadas)). Abraçamos da forma mais respeitosa que nos permitiram fazer aquilo, tanto que o projeto nos fez assumir um ônus que era impensável: registrar todos os jovens que estavam no projeto porque considerávamos que a carteira assinada era para esses jovens tipo um salvo-conduto, especialmente na abordagem policial. Isso foi um ônus extraordinário para a organização e que nós assumimos, né? Com a responsabilidade que a situação exigia de nós. E isso foi o que me foi dado fazer e quero crer que não pipoquei ((risadas)).

O resultado desse processo é uma das coisas que eu tenho mais orgulho. Os riscos eram muito grandes. O projeto encerrava, risco da gente perder alguns daqueles jovens, perder para violência, perder para as drogas, perder para o tráfico, perder, né? Por tantas circunstâncias adversas que os jovens negros estão submetidos, e a gente encerra o projeto sem ter uma perda. Não morreu ninguém, ninguém foi preso, ninguém se perdeu, ninguém está encarcerado, muito pelo contrário. Uma das coisas [importantes] que, para uma organização de mulheres e feminista como nós somos,, [foi que] não tivemos um [só] caso de gravidez precoce durante todo o projeto. Então, são resultados extraordinários considerando as condições, mas sobretudo o destino desses jovens, né? A gente viu quase todos se formarem, adentrarem a universidade. Outros foram para a gestão pública desenhar política de juventude. Outros se tornaram professores. Tem diretor de escola, tem cientista político, né? Que hoje é gestor de uma grande fundação e passou por aqui. Tem empresários que passaram por aqui, que se formaram, que chegaram crianças no projeto, crianças para nós, mas que chegaram muito jovens e hoje são empresários. Então, a gente tem toda uma coisa muito exitosa, uma experiência muito bonita e exitosa, e ela influiu decisivamente em todas as outras propostas que emergiram posteriormente de trabalho, de organizações da sociedade civil e mesmo no âmbito governamental de trabalhar com o *Hip Hop*.

TATY GODOI

Eu sou a Taty Godoi, nascida em São Paulo, criada no bairro da Liberdade antiga. Sou atriz, apresentadora e já fui rapper nos anos 90.

Então, como eu falei no começo, eu sempre fui atriz desde criança, né? Eu acho que a representatividade importa muito. Vou contar rapidamente: eu resolvi ser atriz aos cinco anos de idade assistindo a uma novela chamada "Como Salvar Meu Casamento", que tinha uma personagem, uma atriz negra, a Lizette Negreiros. Eu falei que queria ser igual a ela, aí minha mãe me levou para o primeiro teste e depois eu entrei no grupo Dezesseis Meninas da Treze de Maio (Pinha Pinhetas).

E aí, com 15 para 16, o Geledés me deu a formação de mulher preta que eu sou hoje, de saber a minha posição no mundo, de saber que eu não vou mudar o mundo, mas que eu vou deixar o mundo melhor para as próximas gerações. Ele me deixou artisticamente melhor também, porque mesmo eu fazendo teatro, eu tinha medo do palco. Então, como a gente fazia show, cantando, ia cantar em lugares que não é como é hoje. A gente ia de caminhão. Na minha trajetória artística, eu falava assim: "Ah, mas você cantava? Você canta?" Não, eu não cantava, fazia rima. Mas eu acho que no meu caso era muito mais militante do que cantar o *rap* ali, né? Então, para mim, como artista, foi muito importante. Foi tudo sentido. E é como eu falei no começo, a minha família não falava nada sobre racismo, sobre feminismo, sobre nada. Então, tudo que eu aprendi foi com as mulheres do Geledés, entendeu?

Cidinha, Solimar, Sueli, todas as mulheres do Geledés que foram as minhas mães de sociedade. Eu uso essa palavra "mãe de sociedade" porque foram. Olha... eu acho que eu contribui muito nos ensinamentos, nos poucos ensinamentos que eu tinha porque, se eu for pensar naquela época, as poucas coisas que eu aprendi ou que eu falava, eu repassava para as outras pessoas, mesmo sendo em uma época muito radical, sabe? Hoje, eu sou uma mulher preta e, graças ao Geledés, todo lugar que eu vou, eu falo muito do Geledés porque realmente foi a minha escola e não tem como não falar. Hoje, eu tenho 47 anos, ou seja, dos 16 aos 47, 30 anos, né? E a gente vai evoluindo, pensando em outras coisas, e ali teve a contribuição para a minha pessoa. Hoje, em 2022, eu consigo passar o que aprendi para muitas pessoas. Naquela época, tinha os Racionais que falavam das músicas de mulheres. Aprendi muito com Lady Rap, aprendi muito com Sharylaine, né? Que elas já eram *rappers*, já tinham muitos anos de carreira, e elas falavam sobre aquilo tudo, sobre machismo, sobre feminismo. A contribuição foi essa: ir aos poucos e hoje saber que, se não fosse isso, eu seria não só alienada, eu seria também outra pessoa. A gente tinha muito embate com os *rappers* que, naquela época, eram muito machistas. Tinha muito preconceito. Então, mesmo a gente não tendo muita noção daquela importância, como eu sei que hoje é, eu acho que a gente contribuiu muito.

TINA

Eu sou Tina Costa, tenho 50 anos de idade e costumo me descrever como uma composteira. Eu trabalho com gestão social há 20 anos, trabalho com desenvolvimento comunitário, pessoal e espiritual. Tenho duas filhas, a Marina de 18 e a Isabel de 13. Sou apaixonada pelas minhas filhas.

O Projeto Rappers foi a minha primeira atividade, a minha primeira experiência social. Eu não tinha essa noção, né? Quando eu era jovem, eu fiz parte de grêmio escolar. Eu já tinha esse ativismo dentro de mim, mas eu não sabia dar nome. E quando eu estou no Geledés, eu começo a ter contato com trabalho social, com esse movimento todo. Ainda fico quase 20 (vinte) anos, 25 (vinte e cinco) anos trabalhando em empresa privada. Até que, em 2009 (dois mil e nove), eu faço a transição de fato para o terceiro setor. Hoje, a minha carreira é dentro do terceiro setor. A minha alma, a minha paixão, o meu propósito de vida é estar a serviço das pessoas. E eu sei que isso também é resultado de eu ter tido a experiência dentro do Geledés e do Projeto Rappers..

Quando eu entrava no Geledés, eu via mulheres lindas, poderosas, interessantes, né? Eu lembro dos homens caminhando, a roupa, a vestimenta, postura corporal. E aí, quando a gente sentava para conversar com esses mentores do Projeto Rappers, eles falavam os seus títulos, né? "Ah, eu estudei não sei onde, "sou juiz", "sou advogada". E eu pensava: "Cara, é possível, eu posso chegar nesse lugar também." Eles me inspiravam muito com os negros que eles eram. E eu não tinha acesso a isso em outros lugares. Isso me chamou muita atenção. Eles falavam um português diferenciado, bonito.

Hoje, uma das minhas atividades é trabalhar com palestras. Eu trabalho com temáticas relacionadas ao abuso sexual, de quem foi vítima de abuso infantil. Trabalho com temáticas de sexualidade e uma série de outras coisas. E para tudo isso acontecer, eu tive que trabalhar muito a minha autoestima. E eu acredito que o Geledés, o Projeto Rappers me auxiliaram muito nisso. Tem uma fala que eu sempre comento com as pessoas. Eu não lembro onde foi. Eu não lembro se foi dentro de alguma das nossas reuniões do Geledés ou se foi em Guararema no nosso seminário. Eu lembro de uma figura feminina e ela leu um poema. E esse poema até hoje caminha na minha alma. Eu não lembro do poema, mas ela falava em algum momento assim: "Toda vez que eu olhasse para o céu, eu devia lembrar que as primeiras pessoas que tiveram consciência das estrelas e do divino tinham sido pessoas da minha cor. E que as pessoas negras foram as primeiras que pisaram na Terra." A partir desse poema, ela desenvolveu uma fala com a gente, me trouxe quem eu sou. Isso mudou completamente a minha vida. Porque até hoje, quando eu olho para mim assim, eu falo: "Gente, eu descendo de um povo incrível. Eu descendo de rainhas, de reis, de pessoas inteligentes que criaram coisas inimagináveis com quase nada. Eu não descendo de pessoas que foram jogadas dentro de um navio negreiro e vieram pacificamente para o Brasil. Não." E tudo isso é o resultado daquilo que eu aprendi naquela época. E até hoje, isso caminha comigo com um poder, uma autoridade que ninguém consegue arrancar de mim.

O meu sonho é que as crianças do sistema público de educação tenham acesso a esse tipo de educação para elas entenderem de onde elas vêm. Porque quando eu sei de onde eu vim e de quem eu descendo, fica muito mais simples e empoderada a minha trajetória. Isso, para mim, é empoderamento. Quando eu sei a minha origem. Então, para mim, a importância do Projeto e do Geledés é o meu caminhar a pé. Eu não caminharia da mesma forma se eu não tivesse passado por esse lugar.

XIS

Ivan Shupikov

Meu nome é Marcelo, eu sou nascido e criado na Zona Leste da cidade de São Paulo. Nasci no bairro que se chama Vila Formosa e, com 10 anos de idade, eu fui para o conjunto José Bonifácio em Itaquera, popularmente conhecido como Cohab 2. Nessa época, com 10 anos de idade, eu me apaixonei pela música, pela dança, pela cultura Hip Hop. Então, em 1982, quando eu tinha 10 anos, tinha saído o disco do Michael Jackson, "Thriller". Acredito que [com] os filmes "The Street",, "Black Junior", "Work Famous", do Michael McLaren, a música "The Breakers" e por ver meus primos dançando, cantando, eu acabei me apaixonando pela música. E quando eu migro para Cohab, essa mesma atmosfera existia lá: das festinhas, dos DJs, do rádio FM. E eu acabei me apaixonando pelo *Hip Hop*, principalmente pelo breaking, pela dança. E aí depois pelos DJs e pelos MCs. Com 13-14 anos, eu já estava rascunhando algumas letras, copiando esses DJs, vendo o pessoal dançar o funk no programa do Gugu. Acabei me apaixonando pela cultura *Hip Hop*.

O Projeto Rappers me formou, me ajudou muito na minha formação. A 4P existe por conta do Projeto Rappers. Se não fosse esse lance da gente estar pesquisando, conversando sobre a imprensa negra, hip- hop, a nossa reclamação de não ter pretos na capa de revistas, ali foi o laboratório para a revista da realidade. O Geledés sempre cativou muito, foi muito educacional, uma educação afro. Ajudou muito na minha formação. Eu podia estar na Cohab com os moleques do tráfico, sabe? Mas eu tava no Geledés e eu saía de casa e ia para lá porque tinha esperança que as coisas pro Hip Hop iam acontecer. Faz parte da minha salvação, da minha escola, da minha faculdade do gueto.

A gente, DMN, só conseguiu ter o nosso disco em 1994. Então, a gente conseguiu algumas conquistas, os eventos, a *Pode Crê!*. Eu me vejo como produtor cultural e eu aprendi a ser curador produzindo pelo Geledés. As conquistas são as primeiras conquistas nossas, coisa que a gente não ia conseguir fazer com as equipes de baile. Eu tenho várias realizações assim que foram fundamentais: escrever os textos, fotografias.

VIII. Galeria de Fotos

Figura 28: Materiais promocionais da revista Pode Crê!, n. 1, em 1993.
Fonte: Centro de Documentação e Memória Institucional (CDMI) de Geledés Instituto da Mulher Negra.

Figura 29: Chris (Lady Rap) falando em evento de Geledés com a Ford Foundation no Caesar Palace Hotel, em 1993.
Fonte: Arquivo do Centro de Documentação e Memória Institucional (CDMI) de Geledés Instituto da Mulher Negra.

Figura 27: Boletim informativo do Projeto Rappers no Gelefax, publicação interna de Geledés, 1997.
Fonte: Centro de Documentação e Memória Institucional (CDMI) de Geledés Instituto da Mulher Negra.

Legenda da Foto: Da esquerda para direita: Ivoo (Face Negra), Daniela Martins (Tese Real) e DJ Slick (DMN), em evento do Geledés com a Ford Foundation no Caesar Palace Hotel. Fonte: Arquivo do Centro de Documentação e Memória Institucional (CDMI) de Geledés Instituto da Mulher Negra.

Legenda da Foto: Da esquerda para direita: Taty Godoy (Tese Real), Stillo (The Force MCs) e Tina Gonçalves Costa, em evento do Geledés com a Ford Foundation no Caesar Palace Hotel. Fonte: Arquivo do Centro de Documentação e Memória Institucional (CDMI) de Geledés Instituto da Mulher Negra.

Legenda da Foto: Da esquerda para direita: Taty Godoy (Tese Real), L.F. (DMN), Daniela Martins (Tese Real), DJ Slick (DMN), e Danielle Reis (Tese Real), em evento do Geledés com a Ford Foundation no Caesar Palace Hotel. Fonte: Arquivo do Centro de Documentação e Memória Institucional (CDMI) de Geledés Instituto da Mulher Negra.

Legenda da Foto: integrantes do Projeto Rappers e membros da Ford Foundation, em evento do Geledés com a Ford Foundation no Caesar Palace Hotel. Fonte: Arquivo do Centro de Documentação e Memória Institucional (CDMI) de Geledés Instituto da Mulher Negra.

Legenda da Foto: integrantes do Projeto Rappers, de Geledés e membros da Ford Foundation, em evento do Geledés com a Ford Foundation no Caesar Palace Hotel. Fonte: Arquivo do Centro de Documentação e Memória Institucional (CDMI) de Geledés Instituto da Mulher Negra.

Legenda da Foto: integrantes do Projeto Rappers, de Geledés e membros da Ford Foundation, em evento do Geledés com a Ford Foundation no Caesar Palace Hotel. Fonte: Arquivo do Centro de Documentação e Memória Institucional (CDMI) de Geledés Instituto da Mulher Negra.

Legenda da foto: Confraternização de fim de ano no Projeto Rappers. Da esquerda para direita: Solimar Carneiro (Geledés/Coordenadora do Projeto Rappers) e Daniela Martins (Tese Real). Abaixo: Danilo. Fonte: Arquivo do Centro de Documentação e Memória Institucional (CDMI) de Geledés Instituto da Mulher Negra.

Legenda da Foto: Indaiá (Geledés) e Duda da Silva (Personalidade Negra/Resumo do Jazz). Fonte: Arquivo do Centro de Documentação e Memória Institucional (CDMI) de Geledés Instituto da Mulher Negra.

Legenda da foto: Da esquerda para direita: DJ Quettry (Sharylaine), Chris (Lady Rap), João Carlos (Fotógrafo-revista Pode Crê!). Abaixo: Ivoo (Face Negra). Fonte: Arquivo do Centro de Documentação e Memória Institucional (CDMI) de Geledés Instituto da Mulher Negra.

Legenda da Foto: Carolina Arruda, Dr. Antonio Carlos Arruda (Geledés), Dida Pinho (Geledés) e Luanda Carneiro Jacoel. De costas: Clodoaldo Arruda (Personalidade Negra/Resumo do Jazz). Fonte: Arquivo do Centro de Documentação e Memória Institucional (CDMI) de Geledés Instituto da Mulher Negra.

Legenda da Foto: Solimar Carneiro (Geledés/Coordenadora do Projeto Rappers. Fonte: Arquivo do Centro de Documentação e Memória Institucional (CDMI) de Geledés Instituto da Mulher Negra.

Legenda da foto: Chris (Lady Rap). Fonte: Arquivo do Centro de Documentação e Memória Institucional (CDMI) de Geledés Instituto da Mulher Negra.

Legenda da Foto: performance ao vivo do grupo Face Negra. Nos microfones Ivoo e Jeff. Fonte: Arquivo do Centro de Documentação e Memória Institucional (CDMI) de Geledés Instituto da Mulher Negra.

Legenda da foto: L.F. em show do DMN pelo Projeto Rappers. Fonte: Arquivo do Centro de Documentação e Memória Institucional (CDMI) de Geledés Instituto da Mulher Negra.

Legenda da foto: Mara Carvalho e DJ Paulos (Personalidade Negra/Resumo do Jazz) em evento do Projeto Rappers. Fonte: Arquivo do Centro de Documentação e Memória Institucional (CDMI) de Geledés Instituto da Mulher Negra.

Legenda da foto: Markão II (FN*R) em performance ao vivo em evento do Projeto Rappers. Fonte: Arquivo do Centro de Documentação e Memória Institucional (CDMI) de Geledés Instituto da Mulher Negra.

Legenda da foto: integrantes do Projeto Rappers e do Geledés Instituto da Mulher Negra. Fonte: Arquivo do Centro de Documentação e Memória Institucional (CDMI) de Geledés Instituto da Mulher Negra.

IX. Bibliografia

ANDERSON, Benedict. *Comunidades Imaginadas: Reflexões Sobre a Origem e a Difusão do Nacionalismo*. Trad. Denise Bottman. São Paulo: Companhia das Letras, 2008.

ANDRADE, Elaine Nunes. *Movimento Negro Juvenil: Um Estudo de Caso Sobre Jovens Rappers de São Bernardo do Campo*. (Mestrado). São Paulo: Faculdade de Educação da Universidade de São Paulo, 1996.

ANDREWS, George Reid. Democracia Racial Brasileira, 1900-1990: Um Contraponto Americano. In: *Estudos Avançados*, n° 11, P. 95-115, 1997.

BIKO, Steve. A Consciência Negra e a Busca de uma Verdadeira Humanidade. In: *Escrevo o Que Eu Quero – Seleção dos Principais Textos de Steve Biko*. Editora Ática, 1990.

BONI, Valdete; QUARESMA, Silvia Jurema. Aprendendo a Entrevistar: Como Fazer Entrevistas nas Ciências Sociais. In: *Revista Eletrônica dos Pós-Graduandos em Sociologia Política da UFSC*, Vol. 2 n° 1 (3), p. 68-80, 2005.

CALDEIRA, TERESA: *Cidade de Muros: Crime, Segregação e Cidadania em São Paulo*. São Paulo, Editora 34/Edusp, 2000.

CARNEIRO, Sueli. Ennegrecer al Feminismo: La Situación de la Mujer Negra en América Latina Desde una Perspectiva de Género. *Nouvelles Questiones Feministes*; 24(2), p. 21-26, 2005.

_____. *Racismo, Sexismo e Desigualdade no Brasil*. São Paulo, Selo Negro, 2011.

CAVALHEIRO, Carlos Carvalho. *Scenas da Escravidão: Breve Ensaio Sobre a Escravidão Negra em Sorocaba*. Sorocaba, Crearte, 2006.

_____. Considerações Sobre o Etnocentrismo e o Preconceito em Sorocaba e no Médio Tietê. *Revista Histórica*, Arquivo do Estado de São Paulo, edição n° 21, 2007.

DAMASCO, Mariana Santos; MAIO, Marcos Chor; MONTEIRO, Simone. Feminismo Negro: Raça, Identidade e Saúde Reprodutiva no Brasil (1975-1993). *Revista de Estudos Feministas.*, v.20, n.1, Florianópolis, 2012.

D'ANDREA, Tiarajú Pablo. *A Formação dos Sujeitos Periféricos: Cultura e Política na Periferia de São Paulo*. 2013. (Tese de Doutorado em Sociologia). Faculdade de Filosofia, Letras e Ciências Humanas, Universidade de São Paulo, São Paulo, 2013. doi:10.11606/T.8.2013.tde-18062013-095304. Acesso em: 2023-04-05.

DIAS, Cristiane Correia. *Por uma Pedagogia Hip Hop: O Uso da Linguagem do Corpo e do Movimento para a Construção da Identidade Negra e Periférica*. (Dissertação de Mestrado em Educação). São Paulo: Faculdade de Educação da Universidade de São Paulo, 2018. doi:10.11606/D.48.2019.tde-12122018-152518. Acesso em: 2023-04-06.

EMDIN, Christopher. Introduction. In: *#HipHopEd: The Compilation on Hip Hop Education*. Publisher: Leiden; Brill Sense, 2018.

FÉLIX, João Batista de Jesus. *Chic Show e Zimbabwe a Construção da Identidade nos Bailes Black Paulistanos.*

(Dissertação de Mestrado). São Paulo: Faculdade de Filosofia, Letras e Ciências Humanas da Universidade de São Paulo, 2000.

_____. *HIP HOP: Cultura e Política no Contexto Paulistano.* (Tese de Doutorado). São Pualo: Faculdade de Filosofia, Letras e Ciências Humanas da Universidade de São Paulo, 2006.

FELTRAN, Gabriel. *Margens da Política, Fronteiras da Violência: Uma Ação Coletiva das Periferias de São Paulo.* Lua Nova, São Paulo, p. 201-233, 2010.

FERNANDES, Claudemar Alves. *Análise do Discurso: Reflexões Introdutórias.* Editora Claraluz, 2007.

FERNANDES, Florestan. *O Negro no Mundo dos Brancos,* São Paulo, Difel, 1972.

FREIRE, Paulo. *A Importância do Ato de Ler: Em Três Artigos Que se Completam.* São Paulo, Cortez, p. 11, 1997.

GEREMIAS, Luiz. *A Fúria Negra Ressuscita: As Raízes Subjetivas do HIP HOP Brasileiro.* Rio de Janeiro, 2006, 156f, Universidade Federal do Rio de Janeiro. Rio de Janeiro, 2006.

GILROY, Paul. Wearing your Art on your Sleeve. In: *Small Acts: Thoughts on the Politics of Black Cultures.* Serpent's Tail. London & New York, p. 237-257, 1993.

_____. *Entre Campos: Nações, Culturas e o Fascínio da Raça.* São Paulo: Annablume, 2007.

_____. *O Atlântico Negro. Modernidade e Dupla Consciência,* São Paulo, Rio de Janeiro, 34/Universidade Cândido Mendes – Centro de Estudos Afro-Asiáticos, 2001.

GONZALEZ, Lélia; HASENBALG, Carlos. *Lugar de Negro.* Rio de Janeiro, Editora Marco Zero, 1982.

Gramsci, Antonio. Problemas do Materialismo Histórico. In A. Gramsci, *Obras Escolhidas.* São Paulo, Martins Fontes, 19-66, 1988.

GUIMARÃES, A. S. A. Operários e Mobilidade Social na Bahia; Análise de Uma Trajetória Individual. *Revista Brasileira de Ciências Sociais,* v. 8, n. 22, p. 81-97, 1993.

_____. A Modernidade Negra. *Teoria & Pesquisa,* n. 42-43, São Carlos,p. 41-62, 2003.

HERC, Kool. Introduction. In: *Can't Stop Won't Stop: A History of the Hip Hop Generation.* New York, St Martin Press, 2005.

MAGNANI, José Guilherme Cantor; SOUZA, Bruna Mantese de (orgs.) *Jovens na Metrópole: Etnografias de Circuitos de Lazer, Encontro e Sociabilidade.* São Paulo, Terceiro Nome, 2007.

MACEDO, Marcio. *Warming the Black Soul Through Vinyl Records: Media, Black Identity and Politics during the Brazilian Dictatorship.* Trabalho Final da Disciplina Media and Social Theory (Fall/2009) lecionada na The New School for Social Research, 2009.

_____. Anotações Para uma História dos Bailes Negros em São Paulo. In: *Bailes: Soul, Samba-Rock, HIP HOP e Identidade em São Paulo.* São Paulo: Quilombhoje, 2007.

MASIONI, Pat; SERBIN, Sylvia; JOUBEAUD, Edouard; BALDUCCI, Adriana. *Njinga A Mbande: Rainha do Ndongo e do Matamba.* Paris: UNESCO, 2014.

MBEMBE, Achille. *Necropolítica. Biopoder, Soberania, Estado de Exceção, Política de Morte.* Traduzido por Renata Santini. São Paulo: n-1 Edições, 2018.

MORGAN, Marcyliena. *The Real Hiphop: Battling for Knowledge, Power, and Respect in the LA Underground.* Duke University Press, 2009.

MORGAN, Marcyliena; BENNET, Dionne. Hip-Hop & Global Imprint of a Black Cultural Form". *Daedalus* 140, nº 2, 2011, P. 176-196.

PINHO, Osmundo. Voz Ativa: Rap – Notas Para Leitura de um Discurso Contra-Hegemônico. *Sociedade e Cultura*, Vol. 4, Núm. 2, p. 67-92, 2001.

POLLAK, Michael. Memória, Esquecimento, Silêncio. In: *Estudos Históricos*, n. 2. Rio de Janeiro, 1989.

PRADO, Suelen Girotte. *Caminhos Que Levam a Geledés: Narrativas de Autonomia Através da Organização de Mulheres Negras em São Paulo.* São Paulo, 2021.

RAMOS, Paulo Cesar. *Gramática Negra Contra a Violência de Estado: Da Discriminação Racial ao Genocídio Negro (1978-2018).* (Tese de Doutorado). São Paulo: Faculdade de Filosofia, Letras e Ciências Humanas da Universidade de São Paulo, 2021. doi:10.11606/T.8.2021.tde-19052021-202215. Acesso em: 2023-03-25.

RIOS, Flavia Mateus. *Institucionalização do Movimento Negro no Brasil Contemporâneo.* (Dissertação Mestrado em Sociologia). São Paulo: Faculdade de Filosofia, Letras e Ciências Humanas da Universidade de São Paulo, 2009. doi:10.11606/D.8.2009.tde-29102009-170307. Acesso em: 2023-04-05.

_____. *Elite Política Negra no Brasil: Relação Entre Movimento Social, Partidos Políticos e Estado.* 2014. (Tese de Doutorado). São Paulo: Faculdade de Filosofia, Letras e Ciências Humanas da Universidade de São Paulo, 2014. doi:10.11606/T.8.2014. tde-04022015-124000. Acesso em: 2023-04-05.

SANTOS, Jaqueline Lima. *Imaginando uma Angola Pós-Colonial: A Cultura Hiphop e os Inimigos Políticos da Nova República*, p. 314. (Tese de Doutorado). Campinas: Instituto de Filosofia e Ciências Humanas,Universidade Estadual de Campinas. 2019.

SOUZA, Ana Lúcia Silva. Letramentos de Reexistência no Rap de Racionais MC 's. In: *Racionais MC 's Entre o Gatilho e a Tempestade*. Organização Daniela Vieira, Jaqueline Lima Santos; apresentação Deivison Faustino. – 1. ed. – São Paulo : Perspectiva, 2023.

Este livro foi impresso na cidade de Guarulhos,
nas oficinas da Trust Gráfica e Editora, em novembro de 2023,
para a Editora Perspectiva e Geledés Instituto da Mulher Negra.